烹饪工艺与营养专业系列教材

主　编　高原菊
副主编　张利　胡鹏
参编　邱立　罗文　冯明会　欧阳灿　詹珂
摄影　欧阳灿

药膳与食疗

西南交通大学出版社
·成都·

图书在版编目（CIP）数据

药膳与食疗 / 高原菊主编. —成都：西南交通大学出版社，2013.9（2023.8 重印）
烹饪工艺与营养专业"十二五"规划系列教材
ISBN 978-7-5643-2477-3

Ⅰ. ①药… Ⅱ. ①高… Ⅲ. ①食物疗法－教材 Ⅳ. ①F247.1

中国版本图书馆 CIP 数据核字（2013）第 167129 号

Pengren Gongyi Yu Yingyang Zhuanye Xilie Jiaocai
Yaoshan Yu Shiliao
烹饪工艺与营养专业系列教材
药膳与食疗
主编　高原菊

责 任 编 辑	邱一平　罗小红
封 面 设 计	墨创文化
出 版 发 行	西南交通大学出版社
	（四川省成都市二环路北一段 111 号
	西南交通大学创新大厦 21 楼）
发行部电话	028-87600564　028-87600533
邮 政 编 码	610031
网　　　址	http://press.swjtu.edu.cn
印　　　刷	四川玖艺呈现印刷有限公司
成 品 尺 寸	185 mm × 260 mm
印　　　张	11
字　　　数	273 千字
版　　　次	2013 年 9 月第 1 版
印　　　次	2023 年 8 月第 6 次
书　　　号	ISBN 978-7-5643-2477-3
定　　　价	48.00 元

图书如有印装质量问题　本社负责退换
版权所有　盗版必究　举报电话：028-87600562

烹饪工艺与营养专业
系列教材编写委员会

主　任　　卢　一
副主任　　熊　红　　周世中
编　委　　李　想　　袁新宇　　杜　莉
　　　　　潘　涛　　黄文刚　　包奕燕
　　　　　陈祖明　　彭　涛　　卢　黎
　　　　　尹　敏　　陈　迤　　唐英明
　　　　　雷镇欧　　江祖彬　　李　凯
　　　　　张　松　　刘思奇　　沈　涛
　　　　　陈应富　　高海薇　　余郭燕

本书作者简介

BENSHU ZUOZHE JIANJIE

高原菊 教授，硕士，中国烹饪名师，高级中式烹饪技师，高级营养师，国家烹饪注册裁判员，四川省国家职业技能鉴定高级考评员，四川省职业技能鉴定命题专家，成都市营养学会常务理事，四川省学生营养促进会理事。任教于四川旅游学院烹饪学院，主要负责烹饪工艺学、菜肴制作技术、中国名菜制作工艺、食品雕刻等专业课程的教学。代表学校多次参加各类烹饪技能大赛，并荣获一等奖等多种奖项；曾代表学校赴法国等多个国家交流学习；近年来主编及参编《烹饪工艺学》《吃出高颜值》《风味快餐产品研发与管理》《牙尖川菜》等专业书籍9部，在各级刊物中发表专业学术论文20余篇，主持、参与国家级、省级科研项目10多项，参与精品课程建设2项，获得国家级教职委教学成果奖3项。

张 利 讲师，硕士，高级营养师，任教于四川旅游学院烹饪学院，主要负责药膳食疗、营养与卫生等课程的教学。近年来参编食疗养生类教材1部，在各级杂志中发表专业学术论文数篇，主持省级科研项目2项，参与省级科研项目2项。

胡 鹏 博士，公共营养师一级技师，任教于成都中医药大学养生康复学院。主要负责药膳食疗、营养养生、中医学等课程的教学。任《养生杂志》、《健康时报》专栏作者及撰稿人。近年来参编中医营养食疗养生类国家规划教材2部，在各级杂志中发表专业学术论文数篇，主持省级科研项目4项，参与省级科研项目2项。

罗 文 教授，硕士，四川旅游学院教学名师，中国粮油学会发酵面食分会理事会理事，中国健康管理协会分会常务理事，四川省国家职业技能鉴定高级考评员，四川省科技厅专家库专家，四川省职业技能鉴定命题、审题专家，四川省技术能手，中国烹饪名师，中国名厨，高级面点技师，任教于四川旅游学院烹饪学院，主要从事面点工艺学、面点制作技术，面点基础训练等课程的教学。近年来先后在国内外公开专业刊物发表学术论文30多篇；主编及参编面点教材以及烹饪专业书籍10多部；主持省部级科研项目5项；负责国际合作项目1项，负责课程思政项目2项，负责校级质量工程项目3项；参与国家级科研项目5项，省级、厅级科研项目20多项；获得中国烹饪协会中餐科技进步奖一等奖1项，获得四川旅游学院教学成果奖一等奖1项、三等奖2项、优秀奖3项；获得四川省民俗学会优秀科研成果三等奖1项。

邱立 副教授，中式烹调技师，中国烹饪大师，国家职业技能坚定高级评委，任教于四川旅游学院烹饪学院，主要从事烹饪工艺学、菜肴制作技术、烹饪营养学等课程的教学、研究工作。近年来主编或参编教材及专著6部，在各级杂志中发表专业学术论文20余篇，主持省级科研项目1项，参与国家级、省级科研项目3项，论文获四川旅游学院第一届自然科学成果优秀奖。2011年10月至11月，代表学校赴法国交流学习。

冯明会 男，四川旅游学院烹饪学院副教授，食品工程专业硕士，荣获成都市人力资源社会保障局"成都市技术能手"及成都市龙泉驿区人民政府"驿都工匠"称号，国家职业培训包中式面点师专家，四川省职业技能鉴定命题、审题专家，四川省第三产业协会团餐管理专家，"味美四川"川派餐饮活动省级评选委员会评审专家、成都市烹饪协会副秘书长。中国烹饪协会名厨委委员、成都餐饮同业公会青年名厨委员会副主席。高级技师中式烹调师，高级中式面点师，高级健康管理师，高级公共营养师，高级调酒师，现任四川旅游学院烹饪学院面点教研组专业教师，主要担任《面点工艺及制作技术》《面塑》等15门课程的教学任务。曾多次在全国、省、市烹饪大赛中获特金奖、金奖，优秀指导教师奖，指导学生荣获国家级金奖、省级"互联网+"大赛金奖。2019年6月随四川省外事办赴巴西、阿根廷两国参加"中餐繁荣计划"的川菜文化推广活动；2019年11月赴法国勒图凯酒店管理学院进行为期一月的访问学习；2020年12月至2022年5月借调至第31届世界大学生夏季运动会成都大运会执委会筹备组工作。发表专业论文14篇，主编、参编10本教材，主持、参与14项科研项目，指导学生科研多项。

欧阳灿 讲师，大学本科学历，中式烹调技师，高级公共营养师，高级摄影师，中国烹饪协会会员，任教于四川旅游学院烹饪学院，主要承担烹饪工艺学、菜肴制作技术、烹饪基础、清真烹饪等课程的教学与科研。曾参加四川省第四届烹饪技术大赛获热菜项目金奖。近几年来参与5部烹饪专业类教材编写、摄影，参与3部烹饪类书籍编写、摄影，参与多项省级、校企合作等科研项目。

詹珂 副教授，硕士，高级营养师，主要负责药膳食疗学、烹饪营养与卫生、菜单设计、运动营养等课程的教学。近年来参编《菜单设计》、《大锅菜制作》、《药膳食疗学》、《人体健康新论》等教材、书籍中涉及食疗、营养的部分，在各级杂志中发表专业学术论文10余篇，主持省级科研项目3项，参与国家级、省级科研项目6项，参与校级精品课程建设1项，论文曾获"四川省民俗学会"三等奖及四川旅游学院第二届自然科学。

药膳与食疗
YAOSHAN YU SHILIAO

序

改革开放以来，特别是进入新世纪以来，我国餐饮业得到了迅速发展，取得了长足的进步。随着我国城市化、市场化、全球化和信息化的深入发展，餐饮业的竞争将进一步加剧，而高素质、高技能人才是竞争的焦点。

百年大计，教育为本，人才培养的关键在教育。我国烹饪教育伴随着共和国的经济发展和社会进步，取得了丰硕的成果，但还不能完全适应产业迅速发展的需求。推动餐饮业发展的关键是烹饪教育的人才培养模式和教育教学必须适应人才市场的需要。

以人为本，不断改善民生是我们共同的愿望。餐饮业等现代服务业对吸纳就业和提高人民生活品质有着巨大作用，因此未来这一产业还将迅速发展。但随着中西交汇、南北融合和生活节奏的加快，市场促使产业分工细化、专业化和升级换代，这就要求烹饪教育必须进行改革。教育观念，人才培养模式，教育内容、手段和方法，教育和人才评价考核方法，以及学校服务社会的形式等都需要根据国家的教育改革举措和市场的需求进行更新和转型。

教材建设是人才培养的重要方面，是课程建设和改革的关键环节，是更新教学内容的重要手段，事关人才培养的基本规格。因此，不断推出新教材，特别是成体系的精品教材，是一项有益的基础性工作，必将推动烹饪教育事业的发展。

作为教师，我十分乐意看到成千上万的学生健康成长，成人成才，成为行业的中坚力量和大师。

是为序。

（四川烹饪高等专科学校校长）

二〇一〇年十二月十日凌晨
于成都廊桥南岸小鲜书屋

使用说明
SHIYONG SHUOMING

1. 本书使用指南

 药膳与食疗

品种名称

冬虫夏草老鸭汤
DONGCHONG XIACAO LAOYA TANG

品种原料图片及制作详情。

一、实验目的
1. 掌握冬虫夏草的食疗功效和加工、烹制方法。
2. 掌握炖制类菜肴的火候控制和烹制技巧。

二、实验标准
鸭肉质地酥烂,味咸鲜适口,略带药味。

三、实验原料

食材:老土鸭750 g。
药材:冬虫夏草10 g、党参10 g、枸杞10 g。
调料:老姜15 g、大葱节20 g、胡椒粉3 g、精盐10 g、料酒50 g、鸡精8 g。

四、操作步骤
1. 初加工:将老土鸭冲洗干净;冬虫夏草用温水浸泡1分钟后将表面洗净;党参、枸杞用温水洗净;老姜洗净。
2. 刀工处理:党参切成2.5 cm长的节;老姜切成厚片。
3. 初步熟处理:将老鸭焯水后用凉水冲洗干净。
4. 烹制:砂锅中放入清水,加入老鸭,旺火烧沸后撇去表面浮沫,再加入冬虫夏草、党参、老姜片、大葱节、料酒、胡椒粉,小火炖制。炖至鸭肉软烂后加入枸杞再炖约5分钟,最后加入精盐、鸡精调味即成。

五、操作关键
1. 老土鸭一定要去净内脏,漂洗干净血污;冬虫夏草、党参、枸杞一定要用温水浸泡洗净。
2. 控制好炖制的火候和时间,大火烧沸后改用小火慢慢煨炖,炖至鸭肉软烂。枸杞不宜放得过早,不宜久炖。
3. 精盐和鸡精不宜过早加入,待原料炖煮好之后,再加入精盐和鸡精定味且咸味不宜重。

六、品种拓展
主料可改为老母鸡或乌骨鸡,烹调方法可改为蒸。

操作步骤

  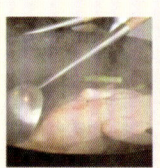 

品种制作的重要流程图,强调制作过程中的重点与难点,便于掌握其制作方法。

食疗介绍，说明该品种的食疗效果及适宜人群。

品种的成品特点。

注明品种所属章节、属性、类别。

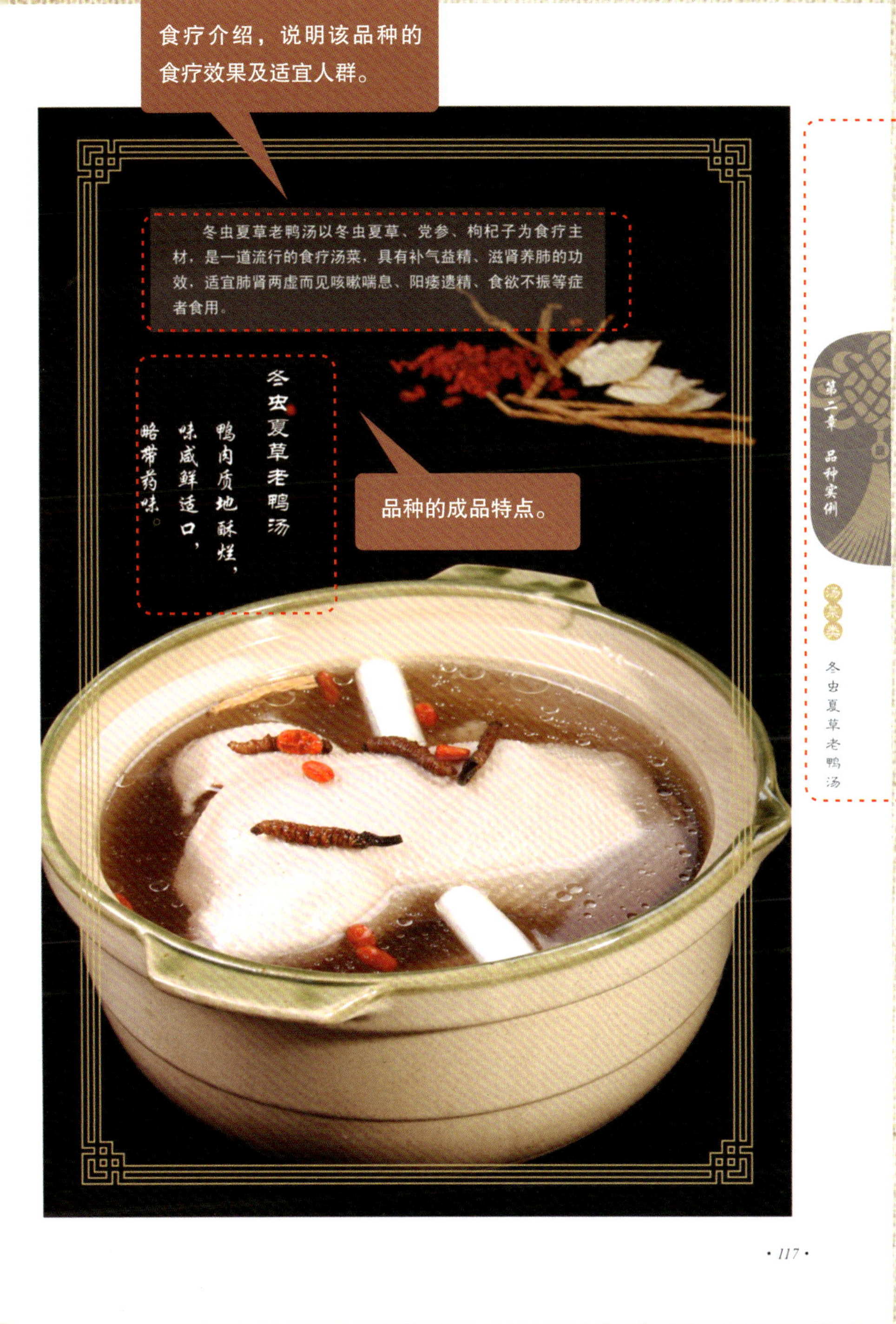

冬虫夏草老鸭汤以冬虫夏草、党参、枸杞子为食疗主材，是一道流行的食疗汤菜，具有补气益精、滋肾养肺的功效，适宜肺肾两虚而见咳嗽喘息、阳痿遗精、食欲不振等症者食用。

冬虫夏草老鸭汤

鸭肉质地酥烂，味咸鲜适口，略带药味。

第二章 品种实例

汤羹类

冬虫夏草老鸭汤

· 117 ·

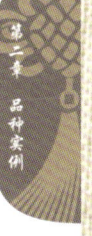

2. 本教材中所用食材均为净料。如鲜汤均指用猪棒子骨、鸡架子与清水小火熬制而成。

3. 本教材中所用小宾俏的成形规格及适用范围如下表：

品名	成形名称	成形规格	适用范围
大蒜	蒜米	米粒状	主要用于突出蒜味的菜肴及调味
	蒜片（指甲片）	1 cm见方，0.2 cm厚	用于主料是片状的菜肴
老姜	姜米	米粒状	主要用于突出姜味的菜肴及调味
	姜片（指甲片）	1 cm见方，0.2 cm厚	用于主料是片状的菜肴
	姜片	6 cm长，3 cm宽，0.5 cm厚的大片	主要用于码味、制汤，目的是取其姜味，成菜后便于取出
大葱	葱节	8 cm长的段	主要用于烧、炖、烩制类菜品
	马耳朵葱	3 cm长，两端成斜面	多用于炒、熘类菜品
	弹子葱	1.5 cm长，圆柱状	多用于主料是丁状的爆炒类菜肴
	葱丝	8 cm长的丝	多用于菜肴垫底或盖面，点缀或装饰菜肴
	葱花	约0.3 cm长	多用于面食、凉菜、汤菜，一般不需加热
泡辣椒	泡辣椒末	细末状	多用于鱼香味或增色的菜肴
	泡辣椒节	6 cm长的节	多用于烧、烩、煸炒类菜肴
	马耳朵泡辣椒	3 cm长的节，两端呈斜面	多用于爆炒类菜肴
蒜苗	马耳朵蒜苗	3 cm长的节，两端呈斜面	多用于炒制类菜肴
	蒜苗花	0.5 cm长，细花状	主要用于岔色的烧类菜肴

4. 本教材中所用食材的成形规格及适用范围如下表：（丝、丁、片、块、条）

品名	成形名称	成形规格	适用范围
丝	头粗丝	10 cm长，0.4 cm见方	炒、干煸、烩、凉拌等菜肴
	二粗丝	10 cm长，0.3 cm见方	烩、炒、氽、凉拌等菜肴
	细丝	10 cm长，0.2 cm见方	熘、凉拌、烩等菜肴
	银针丝	10 cm长，0.1 cm见方	菜肴装饰、凉拌等菜肴
丁	大丁	2 cm见方的正方体	炒、烧、炸收、凉拌等菜肴

品名	成形名称	成形规格	适用范围
片	小丁	1.2 cm见方的正方体	炒、烧、凉拌等菜肴
	牛舌片	长10 cm，宽3 cm，厚0.1 cm	凉拌菜肴
	菱形片	长轴5 cm，短轴2.5 cm，厚0.2 cm	炒、烩、凉拌等菜肴
	骨牌片	长6 cm，宽2 cm，厚0.4 cm	烧、烩、焖等菜肴
	指甲片	长1.2 cm，宽1.2 cm，厚0.2 cm	烩、羹汤等菜肴和姜蒜的成形
条	大一字条	6 cm长，1.2 cm见方	烧、烩、煨、焖等菜肴
	筷子条	4 cm长，0.6 cm见方	烧、烩、煨、焖等菜肴
	象牙条	5 cm长，1 cm见方	炒、熘、凉拌等菜肴
块	菱形块	长轴4 cm，短轴2.5 cm，厚2 cm	烧、烩、煨、焖、熘等菜肴
	长方块	长4 cm，宽2.5 cm，厚1 cm	烧、烩、煨、焖、煮等菜肴
	滚刀块	长4 cm的多面体	烧、烩、煨、焖、煮等菜肴
	梳子块	长3.5 cm，厚0.8 cm的多面体	炒、熘、烩等菜肴

5. 本教材中所用主要调料标准如下表：

原料	标准
精盐	一级食用盐，四川省盐业总公司成都分公司2008年8月，执行标准：GB5461
色拉油	"海皇"一级大豆油，广汉益海粮油有限公司2008年9月，产品标准号：GB1535
酱油	"大王"特级酱油，成都市大王酿造食品有限公司2008年9月，产品标准号：GB18186
醋	"保宁"特级醋，四川保宁醋有限公司2008年9月，产品标准号：Q/21010702.5.001—2005
白糖	"三山"白砂糖，耿马南华华侨糖业有限公司2008年8月，执行标准：GB317—2006

原料	标　　准
胡椒粉	"味美好"白胡椒粉，上海味美好食品有限公司，执行标准：Q/YCPI 1
芝麻油	"建华"小磨纯芝麻油，四川省成都建华香油厂2008年9月，执行标准：GB/T8233
料酒	"银明"调味料酒，四川省仪陇银明黄酒有限责任公司2008年8月，执行标准：SB/T10416
味精	"豪吉"味精，四川豪吉食品有限公司2008年8月，产品标准号：GB/T8967
淀粉	"天泉"特制玉米淀粉，曲沃县天泉淀粉加工有限公司2008年8月，执行标准：GB8885—88
甜面酱	成都"罗氏"甜面酱，成都罗氏食品酱园厂，执行标准：DB51/T397
干黄酱	北京"六必居"干黄酱，北京六必居食品有限公司，执行标准：Q/ESEJA007
化猪油	樊鑫旺鑫牌化猪油，成都市高新区中和陆消油脂厂，2012年10月，执行标准：Q/LXSC001S-2012
吉士粉	狮牌吉士粉，东莞市进升食品有限公司，2010年9月，执行标准:Q/JS001S
生抽	中坝特级银标生抽，四川清香园调味品股份有限公司，2012年6月，执行标准：GB18186
老抽	中坝特级金标老抽，四川清香园调味品股份有限公司，2012年3月，执行标准：GB18186
臭粉	溢贯牌复配烘焙膨松剂（A型）东莞市溢贯食品有限公司，2011年10月，执行标准：Q/YG10-2008
糖桂花	"花桥"糖桂花，桂林顺来食品有限公司，2011年8月，执行标准：Q/SLY02

6. 本教材中所用复制调味品配方及制作如下：

辣椒油

调料：辣椒粉500 g、菜籽油2 000 g、八角2 g、姜片5 g

制作：将辣椒粉装入一不锈钢容器中，放入八角、姜片，将菜籽油炼熟，晾至140 ℃左右，倒入装有辣椒粉的容器中搅拌均匀，静放一段时间即可。

火锅老油

调料：牛油和菜籽油各1 kg、郫县豆瓣250 g、豆豉30 g、醪糟汁50 g、整花椒10 g、干辣椒节100 g、料酒500 g、姜片50 g、蒜片75 g、葱段75 g、香叶5 g、白蔻3 g、桂皮10 g、八角10 g

制作：锅内放入牛油和菜籽油，旺火加热至80 ℃时放入郫县豆瓣，改用小火慢慢炒香，放入蒜片、姜片、葱段、八角等香料，继续用小火炒至出香味后放入豆豉、醪糟汁、料酒和匀炒香，取出静放8小时左右，滤渣即可。

复制酱油

调料：酱油500 g、红糖75 g、八角2 g、生姜10 g、香叶1 g、桂皮5 g、草果2 g、整花椒1 g

制作：将红糖切碎，生姜切片，将八角、桂皮、草果、香叶、整花椒清洗后用纱布包裹备用。锅洗净，置于中火上，加入酱油、红糖、生姜和香料包，旺火烧沸后改为微火保持微沸，熬制酱油剩2/3时捞去生姜和香料包，倒入调味缸中即可。

葱油

调料：香葱150 g、洋葱50 g、色拉油500 g

制作：香葱和洋葱洗净，切成段。锅内放油，用中火加热至80 ℃，将香葱和洋葱放入油中，改用小火慢慢炸制，待原料干瘪发黄时，捞去原料，将油澄清即可。

泡椒老油

调料：色拉油3 kg、泡辣椒1 kg、糍粑辣椒100 g、洋葱20 g、芹菜15 g、胡萝卜15 g、泡仔姜50 g、八角5 g、香叶1 g、桂皮3 g

制作：将洋葱、胡萝卜、泡仔姜切成小颗粒，泡辣椒剁成茸状。锅内加入油脂，用中火加热至80 ℃，放入剁细的泡辣椒末、糍粑辣椒，改用小火炒至油红亮，再放入其他原料，小火熬制约30分钟，起锅盛入容器中，待冷却后，取面上的油脂即成。

以上原料及调味品标准仅为四川烹饪高等专科学校《药膳与食疗》实验中的执行标准，仅供参考。

四川烹饪高等专科学校

《药膳与食疗》编写组

目录
MULU

第一章 药膳基础
002　第一节 中医基础理论
013　第二节 药食的性能理论
017　第三节 药膳理论
026　第四节 常用药食

第二章 品种实例

084	1.开胃鳝丝荞面	122	20.天麻黄芪老鸽汤
086	2.芪香剁椒毛肚	124	21.当归牛尾汤
088	3.香柠芦荟	126	22.党参鲫鱼羊肉汤
090	4.香砂双椒牛肉	128	23.川芎三七乌鸡汤
092	5.淮山干锅牛蛙	130	24.红枣乌鸡汤
094	6.芦荟鳕鱼羹	132	25.灵芝人参土鸡汤
096	7.海龙烧甲鱼	134	26.洋参淮山乳鸽汤
098	8.蔻香干烧鱼	136	27.薏仁抄手
100	9.川芎泡椒耗儿鱼	138	28.养生胡萝卜
102	10.杜仲双椒牛仔骨	140	29.翡翠养生烧麦
104	11.川贝韭香牛柳	142	30.香酥玉米烙
106	12.杜仲腰花	144	31.补血养颜粥
108	13.陈皮野菌回锅肉	146	32.开胃南瓜球
110	14.山楂串香兔	148	33.养颜红枣卷
112	15.首乌鸡柳	150	34.杏仁玉米烙
114	16.天冬粉丝菜胆	152	35.健胃银耳羹
116	17.冬虫夏草老鸭汤	154	36.芝麻香芋卷
118	18.山珍野菌汤	156	37.杏仁紫薯球
120	19.淮杞冬虫夏草甲鱼汤		

158 后记

第一章

药膳基础
YAOSHAN JICHU

第一节 中医基础理论

药膳是在中医药理论指导下，用药材或有药用价值的食物为原料，烹饪加工而成的具有预防或治疗疾病作用的膳食。药膳是具有药物功用的食物，是膳食形式的药物。以中医药学理论为依据，是其发挥预防、治疗功效的前提。

一、阴阳五行理论

阴阳学说和五行理论原本属于哲学范畴，古人用阴阳学说来说明自然界万事万物的基本属性和产生变化的原因，用五行理论来归纳事物的五类本质特性，并认为这是事物发展、变化、维持自然界平衡的基本条件。古人认为自然是一天地，人体也是一天地，用"取类比象"的方法，将阴阳五行理论引入中医学中，用以解释人体复杂的生命机能，说明其生理活动，理解其病理现象。这些理论在药膳食疗的运用中也得到了充分体现。

（一）阴阳学说

阴阳学说体现了中国古代朴素的对立统一论。战国时期的《黄帝内经》引用阴阳学说来认识医学中诸多问题以及人与自然的关系，将阴阳学说与医学相结合，发展成为中医学的阴阳学说。阴阳学说贯穿中医学的各领域，是中医学理论体系的重要组成部分。

阴阳，是对自然界相互关联的某些事物和现象对立双方的概括。阴和阳，既可代表相互对立的事物，又可用以分析一个事物内部存在的相互对立的两个方面。前者如天与地、昼与夜、水与火等；后者如人体内部的气和血、脏和腑等。一般来说，凡是剧烈运动着的、外向的、上升的、温热的、明亮的，都属于阳；相对静止的、内守的、下降的、寒冷的、晦暗的，都属于阴。

阴阳学说的基本内容又分阴阳对立制约、互根互用、消长平衡和相互转化等。自然界一切事物和现象都存在着相互对立的阴阳两个方面，其相互制约的结果，是事物取得了动态平衡，从而使人体的生理功能处于正常状态。另外，阴阳又有相互依存、互为根本的关系，阴阳任何一方都不能脱离对方而单独存在，正所谓"孤阴不生，独阳不长"。而阴和阳之间的对立制约、互根互用，并不是处于静止和不变的状态，而是始终处于不断运动变化之中，此消彼长，此长彼消，称"消长平衡"。在一定条件下，阴阳可以向其相反的方向转化；这种转化一般都产生于事物变化的"物极"阶段，即"物极必反"。

中医学对机体异常状态的阐述在总体上以阴阳为纲，认为任何疾病都不脱离阴阳失衡的范畴。阴阳的相对协调是健康的表现；疾病的发生及其病理过程，则是因某种原因使阴阳失去平衡所致。药膳食疗以平衡阴阳为调治的基本原则。

（二）五行学说

五行学说与阴阳学说一样，属于古代哲学思想的范畴。五行，即木、火、土、金、水五种物质。五行学说认为世界上的一切事物都是由木、火、土、金、水五种基本物质之间的运动变化而生成的。同时，还以五行之间的生、克关系来阐释事物之间的相互关系，认为任何事物都不是孤立的、静止的，而是在不断地相生、相克的运动中维持着协调平衡。

1. 五行的特性

五行虽然来自木、火、土、金、水，但实际上已超越了这五种具体物质的本身，而具有更广泛的含义。

（1）木的特性："木曰曲直"。"曲直"，实际上是指树木的生长形态，都是枝干曲直，向上向外周舒展，因而引申为具有生长、升发、条达舒畅等作用或性质的事物。人体五脏中的肝喜条达而恶抑郁，有疏通气血、调畅情志的功能，故以肝属木。

（2）火的特性："火曰炎上"。"炎上"，是指火具有温热、上升的特性，因而引申为具有温热、升腾作用的事物。心阳具温煦之功，故以心属火。

（3）土的特性："土爱稼穑"。"稼穑"，是指土有播种和收获农作物的作用，因而引申为具有生化、承载、受纳作用的事物，故有"土载四行""万物土中生，万物土中灭"和"土为万物之母"之说。脾主运化水谷、化生精微以营养全身，为气血生化之源，故以脾属土。

（4）金的特性："金曰从革"。"从革"，是指"变革"的意思，引申为具有清洁、肃降、收敛等作用的事物。肺具有清肃之性，以肃降为顺，故以肺属金。

（5）水的特性："水曰润下"。"润下"是指水具有滋润和向下物特性，引申为具有寒凉、滋润、向下运行的事物。肾藏精主水，故以肾属水。

2. 事物五行属性推演和归类

事物的五行属性，并不等同于木、火、土、金、水属性本身，而是将事物的性

质和作用与五行的特性相类比，而得出事物的五行属性。如事物与木的特性相类似，则归属木，与火的特性相似，则归属火，等等。

中医五行学说将人体脏腑、组织、器官，生理病理现象与自然界的各种事物和现象作了广泛的联系，按事物的不同形态、性质和作用分别归属五行之中，用以阐释人体脏腑组织之间在生理、病理方面的复杂联系，以及人体与外在环境之间的相互关系（见表1.1）。

表1.1

自然界							五行	人体					
五音	五味	五色	五化	五气	五方	五季		五脏	五腑	五官	五体	五志	五声	五动
角	酸	青	生	风	东	春	木	肝	胆	目	筋	怒	呼	握
徵	苦	赤	长	暑	南	夏	火	心	小肠	舌	脉	喜	笑	忧
宫	甘	黄	化	湿	中	长夏	土	脾	胃	口	肉	思	歌	哕
商	辛	白	收	燥	西	秋	金	肺	大肠	鼻	皮	悲	哭	咳
羽	咸	黑	藏	寒	北	冬	水	肾	膀胱	耳	骨	恐	呻	栗

3. 五行的生克乘侮

相生，指这一事物对另一事物具有促进、助长和滋生的作用；相克，指这一事物对另一事物的生长和功能具有抑制的作用。相生和相克，在五行学说中是自然界的正常现象；对人体生理来说，也属于正常生理现象。事物之间正因为存在着相生和相克的联系，所以在自然界中维持生态平衡，在人体内维持生理平衡。

五行相生的次序是：木生火，火生土，土生金，金生水，水生木。

五行相克的次序是：木克土，土克水，水克火，火克金，金克木。

相乘、相侮是指五行之间的生克制化遭到破坏后出现的不正常相克现象。

二、气血津液理论

气、血、津液是构成人体的基本物质，也是维持人体生命活动的基本物质。气是不断运动的、极其精微的物质；血是循行于脉内的红色液体；津液是人体一切正常水液的总称。气、血、津液是人体脏腑生理活动的产物，又为脏腑经络进行生理活动提供必需的物质和能量，所以说气、血、津液也是脏腑经络功能活动的物质基础。

（一）气

1. 气的含义

气是古代人们对自然现象的一种朴素认识。古人认为，气是构成整个宇宙的最基本物质，宇宙间的一切事物，都是由气的运动变化所产生的。中医学把人体看成自然界的一部分，亦认为气是构成人体的基本物质，并以气的运动变化来阐释人体的生命活动。概括起来，气的含义有二：一是指构成人体和维持人体生命活动的精微物质，如水谷之气、呼吸之气等；二是指脏腑、经络的生理功能，如脏腑之气、经络之气等。二者之间是相互联系的。

2. 气的功能

（1）推动作用。气的推动作用，指气具有激发和推动作用。气是活力很强的精微物质，能激发和促进人体的生长发育以及各脏腑、经络等组织器官的生理功能，能推动血液的生成、运行，以及津液的生成、输布和排泄等。

人体的脏腑经络，依赖气的推动以维持其正常的机能。如血液在经脉中运行于周身，其动力来源于气。人体津液的输布和排泄依赖于气的推动。当气的推动作用减弱时，可影响人体的生长、发育，或出现早衰，亦可使脏腑、经络等组织器官的生理活动减退，出现血液和津液的生成不足，运行迟缓，输布、排泄障碍等病理变化。

（2）温煦作用。气的温煦作用是指气有温暖作用，故曰"气主煦之"，其温煦作用是通过激发和推动各脏腑器官生理功能，促进机体新陈代谢来实现的。气分阴阳，具有温煦作用者，谓之阳气。具体言之，气的温煦作用是通过阳气的作用表现出来的。

病理上，气虚为阳虚之渐，阳虚为气虚之极。如果气虚而使温煦作用减弱，则可现畏寒肢冷、脏腑功能衰退、血液和津液的运行迟缓等寒性病理变化。

（3）防御作用。气的防御作用是指气护卫肌肤、抗御邪气的作用。人体机能总称正气。中医学用"正气"代表人体的抗病能力，用"邪气"表示一切致病因素，用正气不能抵御邪气的侵袭来说明疾病的产生。故曰："正气存内，邪不可干。"气是维持人体生命活动的物质基础，气盛则人体脏腑经络的机能旺盛，人体脏腑经络机能旺盛则抗病能力旺盛。否则，人体机能低下，抗病能力减弱，易招邪气侵袭而为病。气的防御作用主要体现在护卫肌表，抵御外邪；正邪交争，驱邪外出；自我修复，恢复健康等多个方面。

（4）固摄作用。气的固摄作用，指气对血、津液、精液等液态物质的稳固、统摄，以防止无故流失的作用。气的固摄作用减退，必将导致机体阴阳、气血、精神、津液的耗散、遗泄、脱失，如汗出亡阳、精滑不禁、泄痢不止、大便不固、小便自遗、下血不止、崩中暴下等症。

（5）气化作用。气化，指通过气的运动而产生的各种变化。气化作用，实际上是体内物质转化和能量转化的过程。气能促使精、气、血、津液的化生和相互转化，如食物先转化成水谷精微，然后再化生成精、气、血、津液；津液经代谢，转

化为汗和尿而排出体外；经消化、吸收后的食物残渣，转化成粪便排出等，都是气化作用的具体表现。

3. 气的运行

气的运动形式多种多样，但可归纳为升、降、出、入四种基本形式。气的升、降、出、入运动，称作"气机"。气机是人体各种生理活动的基础，而且只有在脏腑、经络等组织器官的生理活动中，才能得到具体的体现。如肺的功能，呼气是出，吸气是入；肺气宣发属升，肃降属降，脾胃的功能，脾主升清，胃主降浊。从整个机体的生理活动来看，气的升和降、出和入，必须对立统一、协调平衡。

气的升、降、出、入运动的协调平衡，称作"气机调畅"。只有气机调畅，才能维持正常的生理活动。若气的升、降、出、入运动的平衡失调，即为"气机失调"，就会发生病变。气的升、降、出、入运动一旦止息，也就意味着生命活动的结束。

（二）血

血是循行于脉中的富有营养的红色液态样物质，是构成人体和维持人体生命活动的基本物质。血必须在脉中正常运行，才能发挥其生理功能。血，主要由营气和津液所组成。营气和津液都来源于脾胃化生的水谷精微，故称脾胃是"气血生化之源"。血液生成的过程，是饮食经胃的腐熟和脾的运化，转化为水谷精微，水谷精微经脾的升清而上输于肺，通过心肺的气化作用，注之于脉，化而为血。

血在脉中循环运行，心、肺、肝、脾、脉构成了血的循环系统。血液的正常运行，是在各脏器的相互配合下进行的，其中任何一脏器功能失常，都可引起血液运行失常而发生疾病。此外，脉道是否通利，血或寒或热等，也直接影响着血液运行。

血具有营养和滋润全身的生理功能。血液含有人体所需的各种营养成分，通过气的推动，循着经脉运行于全身，而全身各脏腑组织器官都依赖于血液的营养和滋润，以维持正常的生理功能。血的营养和滋润作用，具体体现在面色的红润、肌肉的丰满壮实、皮肤毛发的润泽有华、感觉和运动的灵活自如等方面。另外，血是神的主要物质基础，心神活动的正常与否有赖于血液的濡养。血气充盛，血脉和利，则精力充沛，神志清晰，思维敏捷。

（三）津 液

津液，是机体内一切正常水液的总称，包括各脏腑组织器官内的液体及其正常的分泌物，津液也是构成人体和维持人体生命活动的基本物质。

津和液，同属水液，同源于饮食水谷，均有赖于脾胃而生成，但在性状、功能及其分布部位等方面又有区别。一般而言，其性质较清稀，流动性大，主要布散于体表皮肤、肌肉和孔窍，并能渗注于血脉起滋润作用的称为津；性质较稠厚，流动性小，灌注于骨节、脏腑、脑、髓等组织，起濡养作用的称为液。津和液可以互相补充、互相转化，故常津液并称。

津液的生成，主要是通过胃对饮食水谷的"受纳腐熟"，小肠的"分清别浊"，然后"上输于脾"，清者经脾运化，成为津液，再散津于肺而布散全身。津液的输布，主要是通过脾的运化，肺的通调水道和肾的蒸腾气化而实现的；还与肝的疏泄，三焦的决渎，通利水道有关。津液的排泄，主要是通过肺将宣发至体表的津液化为汗液而排出；通过肺在呼气时带走部分水液；通过肾将下输膀胱的水液蒸腾气化后形成尿液而排出；通过大肠排出粪便时，带走一些残余的水分。津液的生成、输布和排泄，是一个复杂的生理过程，是许多脏腑组织器官相互协调配合的结果，其中肺、脾、肾这三个脏器尤为重要。

津液是血液的重要组成部分，同时有滋养和滑利血脉的作用；其在自身代谢的过程中，又通过汗液和尿液，将人体代谢物不断地排出体外。

三、脏腑理论

脏腑，是人体内脏的总称，根据生理功能特点的不同，分为五脏（心、肺、脾、肝、肾）、六腑（胆、胃、大肠、小肠、膀胱、三焦）和奇恒之腑（脑、髓、骨、脉、胆、女子胞）三类。

中医学认为，脏、腑在形象上、功能上，都具有不同的生理特点。从形象上看，五脏属于实体性器官；从功能上看，五脏是主"藏精气"，即生化和贮藏气血、津液、精气等精微物质，主持复杂的生命活动。所谓"腑"通"府"，有府库之意。从形象上看，六腑属于中空管腔性器官；从功能上看，六腑是主"传化物"，即受纳和腐熟水谷，传化和排泄糟粕，主要是对饮食物起消化、吸收、输送、排泄的作用。

五脏与形体诸窍联结成一整体。所谓"形体"，其广义者，是指具有一定形态结构的组织，包括头、躯干和脏腑在内；其狭义者，指皮、肉、筋、骨、脉五种组织结构，又称五体。所谓"官窍"，官指机体有特定功能的器官，如耳、目、口、鼻、舌，又称五官，它们分属于五脏，为五脏的外候。如心，其华在面，其充在血脉，开窍于舌。五脏的生理活动与人的精神情志密切相关。人的精神情志与意识思维活动，是大脑的功能。由于五脏的生理活动能够统率全身整体的生理功能，所以

中医学认为大脑的生理功能正常,有赖于五脏生理功能的平衡协调。五脏的功能活动异常,则大脑的精神情志和意识思维活动也必受其影响;反之,精神情志和意识思维活动的失常,也势必反作用于五脏,从而影响五脏的生理功能。

(一)心

心为"君主之官",开窍于舌;在体合脉;其华在面;在志为喜;在液为汗;与小肠相为表里。心的主要生理功能为:

1. 主血脉

血指血液;脉指脉管,是血液运行的通道。心主血脉,包括主血和主脉两个方面,是指心有推动血液在脉管中运行以营养全身的功能。心与脉直接相连,互相沟通,血液在心和脉中不停地流动,周而复始,如环无端。心、脉、血三者共同组成一个循环于全身的系统,其中心起着主导作用。血液在脉管内正常运行,主要依赖于心气的推动,同时还有赖于血液的充盈和脉道的通利。心气充沛,血脉充盈,血行流畅,则脉象和缓有力;心气不足,血脉空虚,血流不畅,则脉象细弱无力;血脉瘀阻,则脉象涩、促、结、代。

2. 主神志

亦称主神明、心藏神。神有广义和狭义之分。广义的神是指人体生命活动的外在表现。心对人体生命活动起着主宰的作用,人体的五脏六腑在心的指挥和调节下,彼此协调,才能共同完成人体的生命活动。狭义的神是指人的精神、意识、思维活动。神志与五脏有关,但主要归属为心的生理功能。

血液是神的主要物质基础,心主神的功能与心主血脉的功能密切相关。心的气血充盈,血行畅通,则神志清晰,思维敏捷。若心的气血不足,血行迟缓,则可出现精神萎靡,反应迟钝,甚至神志恍惚等。

(二)肺

肺位于胸腔,左右各一,在人体脏腑中位置最高,故称肺为华盖。肺在体合皮,其华在毛;开窍于鼻;在志为悲;在液为涕;与大肠互为表里。肺的主要生理功能为:

1. 主气、司呼吸、主声音

肺主气,包括主一身之气和呼吸之气两方面。肺主一身之气,指肺有主持、调节全身之气的作用。肺主呼吸之气,指肺通过呼吸,进行着体内外的气体交换。

肺司呼吸,指肺有呼吸功能,呼吸功能是肺主气作用的基础。肺的呼吸功能正常,才能保证气的生成,促使气机调畅。若肺的呼吸功能减弱,影响宗气的生成和气的运动,可出现呼吸无力、气短、懒言、语音低微等气虚证候;若肺的呼吸功能丧失，其主气功能无法行使，生命活动也就终结。

肺与咽喉相通，"咽喉为肺之门户"。咽喉的通气和发音，都依赖于肺气的作用。肺气和，则呼吸利，声音能彰；若肺有病变，可出现喉痒、音哑等。

2. 主宣发肃降，通调水道

"宣发"，即宣布发散，指肺气向上升宣和向外布散的作用。肺主宣发的功能有三：一是通过肺排出体内的浊气；二是将脾转输至肺的水谷精微和津液布散于全身，外达于皮毛；三是宣发卫气，调节腠理的开合，将津液的代谢产物化为汗液，排出体外。若肺气失宣，可出现呼气不利、胸闷、咳嗽、鼻塞、无汗等。

"肃降"，即清肃下降，指肺气向下通降和使呼吸道保持洁净的作用。肺主肃降的功能亦有三：一是通过肺气的下降作用，能充分吸入自然界的清气；二是将吸入的清气和由脾转输至肺的津液、水谷精微向下布散；三是肃清肺和呼吸道内的异物，保持洁净。若肺失肃降，可出现呼吸短促、喘息、咯痰。

宣发与肃降，生理上相互协调、相互制约，病理上相互影响。

通调水道："通调"即疏通调节，"水道"即水液运行的通道。肺通过宣发和肃降对体内水液的输布、运行和排泄起着疏通和调节作用，称为肺主通调水道。肺气宣发，将水液布散全身，并调节汗液的排泄；肺气肃降，将水液向下输送，经肾和膀胱的气化作用，生成尿液排出体外。若肺失宣降，则通调功能失调，可发生水液停聚而生痰、生饮，甚则水肿。

3. 朝百脉，主治节

肺朝百脉，指全身的血脉都朝会于肺，也就是指全身的血液都通过百脉会聚于肺，通过肺的呼吸作用进行气体交换，然后在心气和肺气的共同作用下输布到全身。

"治节"，即治理调节，指肺具有治理调节全身脏腑及其功能的作用。肺主治节的功能有四：一是肺主呼吸，人体的呼吸运动是有节律的一呼一吸；二是随着肺的呼吸运动，调节全身之气的升降出入运动；三是通过调节气的升降出入运动，辅助心脏，推动和调节血液的运行；四是肺的宣发和肃降，治理和调节津液的输布、运行和排泄。

（三）脾

脾和胃是机体对饮食进行消化、吸收并输布其精微的主要脏器。出生之后，机体生命活动的延续和气血津液的生化，都有赖于脾胃运化的水谷精微，因此称脾胃为气血生化之源，后天之本。脾在体合肉，主四肢；开窍于口，其华在唇；在液为涎；在志为思；脾和胃相为表里。其主要生理功能为：

1. 主运化

运，即转运输送，化即消化吸收。脾主运化，是指脾具有把水谷化为精微，并吸收转输至全身的生理功能，包括以下两个方面：

（1）运化水谷：指对饮食的消化、吸收。饮食入胃，脾助胃将水谷化为精微，后经过脾的转输和散精功能，将水谷精微布散全身，以营养五脏六腑及各组织器官。故称"脾为后天之本""气血生化之源"。若脾运化功能失常，可出现食欲不振、腹胀、便溏等。

（2）运化水液：指脾对水液的吸收、转输和布散作用。脾将饮食水谷中的水液，清者吸收散精于肺而布散全身；多余或含浊的水液，通过脾的运化、肺的通调、肾的气化共同作用，而排出体外。若脾的运化水液的功能减退，水湿停滞，可产生湿、痰、饮等病理产物，出现痰饮、喘咳、泄泻、水肿等。

2. 主升清

脾主运化的功能，主要依赖于脾气的作用。脾气的运行特点，以上升为主，故称"脾气主升""脾以升为健"。水谷精微等营养物质，称之为"清"。脾气将水谷精微上输于心、肺、头、目，通过心肺的作用，化生气血以营养全身，此即"升清"的过程。脾气的升清，还具有防止人体内脏下垂的作用。若脾不升清，可出现神疲乏力、头目眩晕、腹胀腹泻、脱肛或内脏下垂等病证。

3. 主统血

脾统血，指脾具有统摄血液在经脉中运行、防止其溢出脉外的功能。脾能统血，是由于脾为气血生化之源，气能摄血。如脾气健运，则气血充盈，气的固摄作用健全，血液不致外溢。若脾失健运，脾气的固摄功能减退，血不归经而导致出血，称为"脾不统血"，多见于慢性出血的病证。

（四）肝

肝在体合筋，其华在爪；在窍为目；在志为怒；在液为泪。肝胆之间不仅互为表里，而且肝与胆本身也直接相连。其主要生理功能为：

1. 主疏泄

"疏"即疏通，"泄"即升发、开泄。肝主疏泄，是指肝具有疏通、调达、升发的特性，调畅人体全身气机的功能。气机，即气的升降出入运动。气的升降出入运动的协调平衡，称作"气机调畅"，是保证机体多种生理功能正常发挥的重要条件。肝的疏泄功能表现在以下几个方面：

（1）调畅气机。肝主疏泄直接影响气机调畅，所以，肝的疏泄功能，协调着气血的正常运行。肝的疏泄功能正常，则气血和调。肝的疏泄功能异常，一方面表现为疏泄不及，使气机郁结，若气行阻滞，则胸胁、两乳或少腹胀痛不适；若血行瘀阻，则胸胁刺痛。另一方面表现为升发太过，令肝气上逆，可见面红目赤、头目胀痛、烦躁易怒；血随气逆，可见吐血、咯血，甚而薄厥。

（2）调节情志。人的精神情志活动，除了由心所主之外，还与肝的疏泄功能密切相关。肝的疏泄功能正常，气机调畅，气血和调，则精神愉快，心情舒畅。若肝的疏泄功能失常，气机失调，就可引起情志的异常变化，常表现为抑郁和亢进两方面。肝气抑郁则见胸胁胀满、郁闷不乐、多疑善虑等；肝气亢盛则急躁易怒、失眠多梦、头胀头痛、头晕目眩等。另外，情志活动异常，又常常影响肝的疏泄，导致肝气郁结和疏泄太过的病变。故有"郁怒伤肝"之说。

（3）促进消化。肝的疏泄功能正常，是保持脾胃升降协调的重要条件。肝失疏泄，可致脾胃升降失常，影响其纳运功能，出现嗳气、呕恶、腹痛、腹泻等症状。肝的疏泄还调节着胆汁的分泌与排泄，帮助脾胃对食物消化吸收。肝气郁结，影响胆汁的分泌与排泄，可出现口苦、纳呆，甚或见黄疸等。

（4）疏通水道。水液的运行有赖于气的推动，肝主疏泄，调畅气机，通利三焦，疏通水道。若肝失疏泄，三焦气机阻滞，水道不利，水液不行，可见痰饮、水肿等病变。

（5）调理冲任。冲脉为血海，其血量主要靠肝的疏泄来调节；任脉为阴脉之海，与肝经相通。肝的疏泄影响着冲任二脉的通利协调。肝的疏泄正常，则任脉通利，冲脉充盈，月经应时，孕育正常；肝失疏泄，则冲任失调，气血不和，可致经行不畅、痛经、闭经、不孕等。

2. 主藏血

肝藏血，指肝具有贮藏血液、调节血量及防止出血的功能。肝内贮藏血液，首先可濡养自身，以制约肝阳，避免肝阳升腾太过、亢逆为害。其次能调节人体各部分的血量分配，当活动剧烈或情绪激动时，肝就把贮藏的血液向外输布；而安静休息及情绪稳定时，外周的血液需用量相对减少，部分血液便归藏于肝。此外，肝藏血还有防止出血的作用。肝藏血的功能失常，可致血液亏虚或血液妄行，还可引起机体许多部位的血液濡养不足的病变。

（五）肾

肾与人体的生长发育及生殖关系密切，同时是人体全身阴阳的根本。肾在体合骨；开窍于耳和二阴；其华在发；在志为恐；在液为唾；与膀胱相为表里。其主要生理功能为：

1. 主藏精

肾藏精，是指肾对精气有摄纳、贮存、封藏的生理功能。肾所藏的精，按其来源可分为"先天之精"和"后天之精"。"先天之精"禀受于父母，是形成生命的

原始物质，与生俱来，具有促进生长发育和生殖的功能，所以说"肾为先天之本"。"后天之精"，指出生之后，摄入的饮食经脾胃运化而生成水谷精微及脏腑在生理活动中化生出精气，是维持人体生命活动的基本物质。"先天之精"与"后天之精"是相互依存，相互为用的。"先天之精"依赖于"后天之精"的不断培育和充养，才能充分发挥其生理功能；"后天之精"又必须依赖于"先天之精"的活力资助，才能不断地摄入和化生。二者相辅相成，共同维持人体的生命活动和生殖能力。

精能化气，气能生精，精气互化。肾精所化之气，称为"肾气"。肾精和肾气互生互化，互为体用，密不可分，常合称为"肾中精气"。肾所藏精气的主要功能是主持人体的生长、发育和生殖。

肾中精气是人体生命活动之本，从阴阳属性的角度，可把肾中精气的生理功能概括为肾阴和肾阳两个方面：对人体各脏腑组织器官起滋养、濡润作用的称为肾阴；对人体各脏腑组织器官起推动、温煦作用的称为肾阳。肾阴和肾阳，是人体各脏腑阴阳的根本，又称元阴和元阳、真阴和真阳。肾阴和肾阳之间，相互制约、相互依存、相互为用，维持着肾脏本身及各脏的阴阳相对平衡。若这种相对平衡遭到破坏而又不能自行恢复时，则可形成肾阴虚、肾阳虚或肾阴阳两虚的病理状态。若肾阴不足，则虚热内生，可见五心烦热，潮热盗汗，头晕目眩或男子遗精，女子梦交，舌红少津，脉细数等；若肾阳不足，则阴寒内盛，可见形寒肢冷，腰膝冷痛，小便频数，阳痿早泄，宫寒不孕等。由于肾阴、肾阳为其他脏腑阴阳的根本，若其他脏腑有病，发生阴阳失调，日久必然影响于肾，导致肾中精气损伤。所以，临床有"久病及肾"之说。

2. 主水

肾主水，是指肾具有主持和调节人体水液代谢的功能。人体的水液代谢，与肺、脾、肾三脏有关，但主要是肾对水液的蒸腾气化作用。肺的通调，脾的运化，均有赖于肾的气化作用，尿液的生成和排泄，更与肾的气化直接相关。因此，肾中精气的蒸腾气化，主宰着整个水液代谢。若肾的气化失常，开合不利，可致少尿、水肿等。若气不化水，关门失约，可致小便清长、尿多、尿频等。

3. 主纳气

肾主纳气，是指肾具有摄纳肺所吸入之清气而行调节呼吸的功能。人的呼吸虽为肺所主，但吸入之气必须下归于肾，由肾为之摄纳，呼吸才能通畅、调匀。只有肾气充足，摄纳正常，才能使肺的气道通畅，呼吸均匀。若肾气虚，摄纳无权，则见呼多吸少，呼吸困难，动辄气喘，称"肾不纳气"。

第二节 药食的性能理论

自古以来，药物与食物一直有着十分紧密的联系，"药食同源"集中反映了中药与食物的密切关系，同时也体现了中医学与药膳食疗的密切程度。可以说，医药是从食物中分化出来的学问，作为食物的各种原料，其绝大多数均以中药的面目出现在历代本草学专著中。中药中除数百种作常用处方药外，还有如五谷杂粮、蔬菜水果、兽禽鱼蛋等食物，它们都具有一定的性能，对养生保健、防病治病、延缓衰老有着非常重要的作用。

一、四气

"四气"指寒、热、温、凉四种药性，亦称"四性"。其中寒与凉、热与温有其共性，仅有程度上的不同，温次于热，凉次于寒。药物的寒、热、温、凉药性，是从药物作用于机体所发生的反应概括出来的，是与疾病的寒热性质相对应的。能减轻或消除热证的药食，一般属于寒性或凉性，如菊花、梨等；能减轻或消除寒证的药食，一般属于热性或温性，如当归、鸡肉等。《素问·至真要大论》言："寒者热之，热者寒之。"这是药膳食疗选择药食的重要依据。

从常见食物看，平性食物居多，温热性次之，寒凉性更次之。如粳米、小麦、花生性平；花椒、胡椒、辣椒性热，韭菜、洋葱、海参、牛肉、羊肉性温；西瓜、苦瓜、鸭肉、绿豆、蟹性寒，蘑菇、茄子、莴笋、梨性凉。

二、五味

"五味"，指辛、甘、酸、苦、咸五种味道。早期五味理论来源于药物的真实滋味，用以反映各药功用与其滋味间的对应关系。前人认为药食"入口则知味，入腹则知性"。后来，五味作为中药的性能，主要用以反映药物作用的性质和特征。《素问·至真要大论》言："夫五味入胃，各归所喜，故酸先入肝，苦先入心，甘先入脾，辛先入肺，咸先入肾，久而增气，物化之常也。"

辛味药食具发散、行气、行血等作用，用于外邪束表或病邪宜发散诸证，如生姜散邪，芫荽透疹；对于气血运行不畅，可用陈皮、薤白。辛味药食实际还包括芳香、麻辣、辛臭等味道。

甘味药食能补、能缓、能和，即有补益、缓急止痛、调和药性以及和中的作用。用于机体虚弱，如山药、大枣；用于气滞拘急的腹痛，如饴糖；而甘草可调和诸药。某些甘味药食还具有解药、食中毒的作用，如甘草、绿豆等。

酸味药食具有收敛、固涩、止泻的作用，多用于治疗虚汗、久泻、遗精、久咳等。如乌梅涩肠止泻，五味子敛肺止咳，覆盆子止遗精滑泄等。

苦味药食能泄、能燥。泄的含义广泛，有指通泄，如大黄泄下通便；有指降泄，如杏仁降泄肺气；有指清泄，如苦瓜清热解毒。而燥，则用于湿证；如陈皮可健脾燥湿。

咸味药食有软坚散结、泻下的作用。如昆布可破积软坚；海蜇能通便等。

五味之外，淡味药食有渗湿、利尿的作用，多用于治疗水肿、小便不利等证。涩味药食能收敛固涩，与酸味作用相似。

《金匮要略》说："所食之味，有与病相宜，有与身为害。若得宜则益体，害则成疾。"五味若使用不当则对人的机体有不良影响。《素问·五藏生成篇》曰："多食咸，则脉凝泣而变色；多食苦，则皮槁而毛拔；多食辛，则筋急而爪枯；多食酸，则肉胝皱而唇揭；多食甘，则骨痛而发落。此五味之伤也。" 由于每一种药食都有性和味，因此，两者需综合起来看。如两种寒性药食，其味不同，一种苦寒，一种甘寒，作用亦有不同。反之，两种甘味药食，其性各异，一种甘寒，一种甘温，因而作用也不同。所以，不能把性和味孤立起来，要认识到性或味相同的药食之间"同中有异"的特性，才能准确地使用。

三、升降浮沉

升、降、浮、沉是指药食的四种作用趋势。在正常情况下，人体的阴阳气血、脏腑功能均存在升降浮沉的不同运动方式；在病理状态下，疾病的反应也表现为不同的升降浮沉病理变化。如呕吐、头昏头痛，是病邪上逆，而泄泻、脱肛等则属于正气或病邪沉降下陷。药食的升降浮沉，则是指药效在机体内的不同功效趋向。

药食的升降浮沉，升是药效上行，浮指药效的发散，降是药效的降下，沉指药效的内行泻下。一般来说，凡升浮的药食，具有升阳、发表、祛风、散寒、开窍、涌吐、引药上行的作用，常用于阳虚气陷，邪郁肌表，正气不能宣发；风寒之邪郁阻经脉，气血不能畅通；痰浊瘀血上逆，蒙闭心神；邪停胸膈胃脘，当上越而不能上越，或者病本在上焦者，均需性升的药物升发阳气，发散邪气，使药力上行以扶正和祛邪。凡沉降的药食，多主下行向内，有清热、泻下、利水渗湿、潜阳镇逆、止咳平喘、消积导滞、安神镇惊、引药下行等作用，常用于病势上逆，不能下降的各种病证，如邪热内盛的热证，胃肠热结的腑实证，肝阳上亢、肺气上逆、胃肠气逆、积滞不化等证，均需沉降类药食以清化驱下。

升降浮沉可指导临证药食的选择：因为病变部位有上下表里的不同，病势有上逆下陷的差异。病位在胸膈者属上，不能用沉降药食以引邪深入，只能用升浮药食以上越发散；病势为上逆者，不能用升浮药食以助邪势，只可用潜镇药食以导邪下行。一旦违反这一基本原则，就可能导致病情加重，非但不能愈病，反致"助纣为虐"。

四、归 经

经，虽然是以经脉为名，实际上是指以脏腑为主的功能系统。归经，指药物或食物的作用趋向于某一脏腑功能系统，对这一功能系统有较特殊的或选择性的作用。同为寒性药食，都具有清热作用，但黄芩偏于清肺热，黄连偏于清心热。同为补益药食，又有偏于补脾、补肾、补肺的区别。对各种药食的不同功用，各种功用的相互差异，必须使之系统化、条理化，因此，中医学用"归经"的概念总结概括药食的选择性作用。

药食的这种归经理论确立甚早，在《黄帝内经》中就有具体内容了，如酸入肝、苦入肺、甘入脾等，指出凡酸味的药食入肝经，苦味药食入心经，甘味入脾经等。这也是归经理论形成的基础。另外，还有五味五行学说，以五行理论为依据，按五行五脏五味的关联，确定药食的归经。除五行五脏五味相关外，还存在五色、五臭入五脏的系统，即白色药食入肺经，青色药食入肝经，黑色药食入肾经。如黑芝麻、黑豆入肾经，具有补肾作用。五臭系统，则是焦味药食入心经，腥味药食入肺经，香味药食入脾经等，如鱼腥草味腥，入肺经。

但是，药食的五味、五色、五臭入五脏的归经，是通过五行理论推衍而出，它在一定程度上表达了人们对各种药食归经的原则性、理论性认识，而药食的归经，主要还是在长期的临床实践中，根据疗效概括和确立。如石膏色白入肺，但清胃热的疗效也颇好，故能入肺，亦能入胃经；梨能止咳，故入肺经；淮山药能止泻，故入脾经。

由于药食的色、味、臭、功能往往不一定统一，色白者未必味辛，如淮山药色白，但味甘入脾；莲心色青，而味苦归心。因而色、味、臭只能是确定药物归经的一个方面，由于药食的成分复杂，功能是多方面的，归经的最后判定应依据临床疗效的总结。

归经理论揭示选用药食的一般原则，对指导食疗的配方具有重要意义。但病证是复杂而多变的，一个病证往往与多个脏腑相互关联，某一脏腑病证的发展转归，必受到其他脏腑的影响。因此，针对某一脏腑病证选用药食，不能仅选用归该经者，还必须根据脏腑的相关性来选择。如脾胃病证不仅需要归脾经、胃经者，还需考虑肝对脾的影响，而选用适量的肝经药；肝阳上亢，要滋肾水以涵肝木；肺病咳喘，需培脾土而生肺金。因此，归经理论是认识药食性能的前提，而临证选材，则需根据辨证施膳理论灵活运用。

五、毒　性

毒性是指食疗原料对人体的损伤、危害作用，是选择食疗原料和配伍药膳方必须重视的方面。

"毒药"在古代是一个笼统的概念，在一定程度上是指药物的作用。如《素问·脏气法时论》所说"毒药攻邪，五谷为养，五果为助"，《周礼·天官》所说"医师聚毒药以共医事"等，对凡作用较强的药物统称为"毒"。但在《神农本草经》时代，概念已比较明确了，对药物已区分了有毒无毒，这里的"毒"已经是"损害"的概念了。由于一些药物具有毒性作用，在运用时必须充分认识其毒性大小、毒性产生的原因及排毒解毒的方法。

"毒性"具有双重性。一方面对人体可能产生损伤，这应尽量避免。另一方面，则是借助这种"毒性"治疗疾病，运用得当，常可收到很好的疗效。如蜂毒虽能造成损伤，但对治疗关节、肌肉疼痛的效果却很好。因此，对具有毒性的原料，应用时应掌握几条基本原则：一是应充分认识与掌握原料的毒性毒理，不能乱用；二是应熟悉导致毒性作用产生的量，如白果量小时可定喘止带，过量才可能引起中毒；三是掌握减毒方法，如半夏用生姜制，附片通过久炖久煮，均可减轻其毒性作用。

一般来说，药膳食疗终究是膳食，故所选原料应尽量避免毒性较强的原料，以避免用膳者的畏怯心理，增强其对药膳的良好印象，通过较长时间的服食而达到调理的目的。

第三节 药膳理论

一、药膳的使用原则

药膳不同于一般饮食，使用时必须遵循一定的原则。这些原则包括辨证施膳、平调阴阳、调理脏腑、三因制宜、勿犯禁忌等。

（一）辨证施膳

辨证施膳是药膳应用的首要原则，是将"辨证论治"的中医临证模式，应用于选择和使用药膳，以达到有效地预防或治疗疾病的目的。

辨证论治是认识疾病和治疗病症的基本原则。"辨证"，就是将四诊（望、闻、问、切）所收集的有关疾病的各种现象有体征，加以分析、综合、概括、判断为某种性质的"证候"。"论治"，是根据辨证的结果，确定相应的治疗方法。辨证论治的过程，就是认识和消除疾病的过程。

辨证施膳必须在中医整体观念的前提下，强调"证"的概念，而不是仅着眼于局部的"病症"。如感冒，其发热、恶寒、头疼等症状，属病在表，但由于病因和机体反映性不同，又常表现为风寒感冒和风热感冒两种不同的证候。明确其证候后，才能确定使用辛温或辛凉解表方法加以治疗。它完全区别于"见痰治痰，见血止血，头痛医头，脚痛医脚"的机械对抗观念，而是一种联系的、系统的、整体的思维方式。

（二）平调阴阳

阴阳是概括人体生理、病理的基础理论，代表相互对立统一的因素。阴阳在正常状态下处于平衡状态，即所谓"阴平阳秘"。一旦发生偏盛或偏衰的变化，出现了不平衡，就成为病理状态，表现为不同程度的病证。调治的目的，应"谨察阴阳所在而调之，以平为期"，即审清阴阳的虚实盛衰所在，恰当地施用药食，以恢复阴阳的平衡。一般情况下寒热反映阴阳的基本特性，能正确审别寒热，也就能在一定程度上分清阴阳。

（三）调理脏腑

人体各组织器官的功能，表现为以五脏为中心的功能系统。人们通过相合、开窍、在体、其华等联系，把人体全部机能概括为五大系统。临床的多种病证，均以脏腑功能失调为其主要机理，表现为各脏腑的或虚或实，或此虚彼实，或虚实兼见。对脏腑功能的调治，就是消除病理状态，恢复人体的生理功能。食疗中以脏补脏的方法，如肝病夜盲，用羊肝、鸡肝等治疗；肾虚腰痛，用杜仲炒腰花等，是调治脏腑功能的常见方法。

（四）三因制宜

1. 因时制宜

四时气候的变化，对人体的生理功能、病理变化均产生一定的影响。故应用食物疗法时，应注意气候特点。春季气候转温，万物生发，机体以肝主疏泄为特征，饮食应以补肝疏散为主，可选食韭菜炒猪肝、桑菊薄荷饮等；夏季炎热酷暑，万物蒸荣，腠理开泄，机体以心喜凉为特征，饮食应消暑生津为主，可选食绿豆粥、荷叶粥等；秋季凉爽干燥，万物肃杀，机体以肺主收敛为特征，饮食应平补润肺，可选食柿饼、银耳羹等；冬季气候寒冷，万物收藏，机体以肾脏阳气内藏为特征，饮食应补肾温阳，如选食羊肉羹、狗肉汤等。对于疾病辨证施食时，也应注意季节气候特点。如春夏感冒，应选食桑菊薄荷饮、荷叶粥等辛凉食物；秋冬感冒，又应选食生姜红糖茶、葱豉粥等辛温解表食物。所以食疗应适应气候，因时制宜。

2. 因地制宜

我国地域辽阔，不同地区由于地势高低、气候条件及生活习惯各异，人的生理活动和病变特点也不尽相同，所以进行食疗时，应照顾不同的地域，分别配制膳食。如我国东南沿海地区，气候温暖潮湿，居民易感湿热，宜食清淡除湿的食物；西北高原地区，气候寒冷干燥，居民易受寒伤燥，宜食温阳散寒或生津润燥的食物。又如感冒，在西北宜用葱豉粥、姜糖苏叶饮等解表，在东南地区宜选食干葛粥、桑菊薄荷饮等解表。各地区口味习惯不同，如山西、陕西多喜吃酸；云贵川湘等喜欢辛辣；江浙等地则喜吃甜咸味；东北、华北各地又喜吃咸与辛辣；沿海居民喜吃海味，西北居民喜吃乳酪等，在选择食物配料和调味时应予以兼顾。

3. 因人制宜

人们的生理特征、气血盛衰是随年龄而变化的，食疗应根据年龄特征而配制膳食。儿童生机旺盛，稚阴稚阳，易伤食罹虫，饮食应健脾消食，选食山药粥、蜜饯山楂等，慎食温热峻补食物。老年人生机减退，气血不足，阴阳渐衰，饮食宜易消化而补益，如选食琼玉膏、羊脏羹等，慎食难于消化及寒凉的食物。体质的差异，使膳食有宜凉宜温、宜补不宜补的不同。阳盛阴虚之体，饮食宜凉，宜食养阴食品，如银耳羹、羊髓膏等，慎食温热补阳食物。阳虚阴盛之体，饮食宜温，宜食补阳食物，如羊肉羹、狗肉汤等，慎食寒凉伤阳食物。气虚之体食宜补气，如人参粥、益脾饼等。血虚之体食宜补血，如玉灵膏、当归生姜羊肉汤等。性别的不同，配制膳食时应注意男女的区别。妇女有经孕产乳，屡伤于血，血偏不足而气偏有余，平时应食以补血为主的膳食。在经期、妊娠期宜食鸡子羹、阿胶糯米粥等养血补肾食物，慎食苋菜粥、当归生姜羊肉汤等滑利动血食物。如因脾虚白带过多，宜食山药粥、益脾饼等健脾除湿的食物。产后应考虑气血亏虚及乳汁不足等，宜选食归参鳝鱼羹、归参炖母鸡、花生炖猪蹄等益气血、通乳汁的食物。

（五）勿犯禁忌

禁忌，是药治与药膳应用时均需注意的问题。禁忌表现在几个方面：一是用膳禁忌，俗称忌口，指在应用某些药或药膳时不宜进食某些药、食。如服用治疗感冒的药膳时，不宜进食过分油腻的食物，以防滞邪。如用地黄、首乌，忌葱、蒜、萝卜。二是某些特殊状态时的禁忌，如妇女妊娠时，各种生理状态都发生了某些变化，胎儿的生长发育易受外界影响，因而有妊娠禁忌，主要禁用一些性能峻猛或毒性剧烈类药，如大戟、芫花、巴豆等；破血逐瘀类药，如水蛭、三棱、莪术等；催吐类药，如瓜蒂、常山、藜芦等；通窍攻窜类药，如麝香、穿山甲等。禁用这些药以防伤胎、动胎。三是病证禁忌，某些病证也须禁忌某些食物，如高血压禁辛辣、咸。体质易过敏者当忌鱼、虾等。

二、药膳食疗的应用

药膳食疗的应用包括药膳的配伍、烹制和调味。通过合理配伍、烹制以及调味，能更好地发挥药膳食疗的养生保健作用。

（一）药膳的配伍

1. 配伍原则

药膳的配伍，是指运用中医学和药膳食疗理论，在清楚辨识机体状态的前提下，将两种以上的药膳食疗原料按一定原则配伍运用，以达到相互协同、增强疗效的目的。《素问·至真要大论》谓："主病之谓君，佐君之谓臣，应臣之谓使。"这是中医临床组方配伍的"君、臣、佐、使"原则，也同样是药膳食疗配伍原则。

君药是一个组方中起主导作用的品种，是药膳菜肴的主料，一般为1～2种，针对身体的主要状态而设，对主证起到治疗作用；臣药能辅助君药发挥作用，针对与主要症状相关的表现而设；佐、使药是针对次要状态、引经或有调和作用的药物。

各种药膳食疗原料合理地配伍组合，是发挥药膳食疗养生保健、防病治病效用的关键。

2. 配伍关系

药食通过搭配而相互影响，会使原有效能发生变化，因而可产生不同的情况，正如本草学中所说的相须、相使、相畏、相杀、相恶、相反的配伍关系。根据食疗的具体情况，可以概括为以下四个方面：

（1）相须相使。即性能基本相同或某一方面性能相似的药食互相配合，能够不同程度地增强原有食疗功效和可食性。如当归生姜羊肉汤中，温补气血的羊肉与补血止痛的当归配伍，可增强补虚散寒止痛之功；与生姜配伍可增强温中散寒效果，同时还可去羊肉的腥膻味以增强其可食性。

（2）相畏相杀。即当两种食物同用时，一种药食的毒性或副作用能被另一种药食降低或消除。在这种相互作用的关系中，前者对后者来说是相畏，而后者对前者来说是相杀。如绿豆可解乌头、附子之毒，即附子畏绿豆。

（3）相恶。即两种药食同用后，由于相互牵制，而使原有的功能降低甚至丧失。产生这种配伍关系的药食其性能基本上是相反的，如百合的养阴生津润燥作用，会被胡椒减弱。

（4）相反。即两种药食同用时，会产生毒性反应或明显的副作用。据前人记载有蜂蜜反生葱、柿反蟹等。如药食合用，则有海藻反甘草、鲫鱼反厚朴等。

相须、相使，能够增强药食的功效，又可增强其可食性，这正是食疗所希望达到的效果，应当充分加以利用。相畏、相杀，对于使用少数有毒性或副作用的药食来说是有意义的。相恶、相反，因能削弱药食的功效或可能产生毒副作用，都是于食疗不利的，故应当注意避免使用。

此外，还应当指出，一些地区喜欢在做菜时加生姜、葱、胡椒、花椒、辣椒等佐料，如果佐料与食物的性能相反，不能一概认为是相恶的搭配。如凉拌凉性蔬菜时加入姜、葱或花椒、辣椒一类佐料，因实际上用量较少，主要可起到开胃、美食、增进食欲的作用。

（二）药膳的制作

1. 药膳原料的炮制

自然界提供的众多药物和食物中，绝大部分要通过一定的加工或烹制后才能应用于药膳。有的还要根据药膳食疗的需要，在烹制前进行特殊处理，传统上称之为炮制。而不同的炮制方法会对药物和食物性能产生不同的影响。《本草蒙筌》曾指出："酒制升提，姜制发散。入盐走肾脏，仍使软坚；用醋注肝经，且资住痛。童便制，除劣性降下；米泔制，去燥性和中。乳制滋润回枯，助生阴血；蜜制甘缓难化，增益元阳。"若药食的炮制加工与烹制不当，则可对其性能产生不良影响，进而影响整个药膳的养生保健作用。

药膳食疗原料的炮制除了应遵循烹饪加工的一般要求外，如净选、浸润、漂制、焯水、切制等，还采用炒、煮、炙、煨、蒸等特殊炮制方法。

（1）炒制。将原料在热锅内翻动加热，炒至所需程度，可降低毒性，减少异味。可分为清炒和加辅料炒两类。如将鸡内金炒至酥泡卷曲，以除腥气；川芎麸炒，可减去其油脂，缓和药性。

（2）煮制。将原料或配以辅料置锅内加水过药面共煮，可改变性能，降低毒性，减少异味。如藕生者甘寒，可清热凉血，煮熟后转为甘温，可增补益之效。

（3）炙制。将原料与液体辅料置锅内加热，使辅料逐渐渗入原料内部，可改变性能，减少副作用。如陈皮醋炙后烹制，可增强其疏肝止痛之功。

（4）煨制。将原料以湿纸或湿面团包裹后置热灰中加热，可缓和药性，增强效用。如生姜煨后，解表发汗力量减弱，而温胃和中的力量得以增强。

（5）蒸制。将原料置锅内蒸至透心或所需程度。如何首乌配黑豆反复蒸制后，可换通便作用为滋补之力。

2. 药膳的制作原则

由于药膳含中药组分，这是主要起"疗效"的原料，对这一部分原料的烹饪，除了在原料准备过程中的科学加工以外，在烹饪过程中，必须尽可能地避免药物有效成分的流失。为更好地发挥药效，必须讲究烹饪形式与方法。

药膳形式常以汤为主，通过炖、煮、蒸、焖等使有效成分溶解并保存于汤中，以保证其良好的疗效，如十全大补汤、八宝鸡汤等，汤类约占药膳品类一半以上。

药物和食物都有各自的性味，不同的烹饪方法对它们的性能都有影响。根据具体情况，选择适当的烹饪方法，烹制出的药膳菜肴才能起到"药借食力，食助药威"的效果。如质地坚硬的药物，加热时间可长，亦可先浸润使其软化，如天麻鱼头中天麻可事先用米泔水浸泡软化，也可先煎熬过滤取汁备用；而对质地松软的药物，加热时间不宜过长。气虚类药膳不宜多加芳香类调味品，以防耗气伤气；阴虚类药膳不宜多用辛热类调味品，以防伤阴助热。

另外，药膳不同于普通膳食，就在于其具有独特的保健治疗作用。在烹制中，首先应尽可能保持和发挥药食的这一功能。但作为膳食，它又应有普通膳饮的作用，而普通膳食必须在色、香、味、型等方面制作出特点，才能激发人们的食欲。如果药膳体现出的全是药味，影响食欲，不仅不能起到药膳的功能，甚至连普通膳食的作用也不能达到。因此，药膳的烹制，其功效与色、香、味、型必须并重，才能达到药膳的基本要求。

3. 药膳的制作方法

药膳的品种繁多，采用不同的烹饪方法可制作出不同的药膳菜品，应从菜肴的调味和烹调方法上灵活变通，让人们在享受美味的同时，达到食疗养生的效果。药膳菜肴一般分为热菜类、凉菜类、小吃类、饮料类和药酒类等。

（1）热菜类药膳制作方法。

热菜类菜品是药膳最多的品种，它包括中国宴席中的热菜和汤菜。热菜的主要烹制方法有炒、烧、炸、蒸、煮、焖、熘等，汤菜类主要烹调方法为炖、煨等。下面对热菜类药膳常见的烹制方法作简单的介绍：

炒：是将刀工处理的小型原料，小油量、旺火、短时间加热成菜的一种烹调方法。炒是中式烹调中最常见又最快捷的一种烹调方法，按照不同的成菜要求，一般炒又分为滑炒、生炒、熟炒和软炒。炒制类菜肴烹调工艺一般要经过选料、刀工、码味上浆（或不上浆）、滑油（或不滑油）、烹汁亮油等工艺。在制作过程中，如药材属于药食两用的，可以直接加入菜肴中烹制成菜；如果药材不能当作食材的，研磨成粉，与淀粉一起，以上浆的形式进入菜肴，或者煎成药汁，在上浆或烹汁环节加入菜肴中。

炸：是将刀工处理后的原料，码入基本味后，放入大油量的热油锅中烹制，使之达到外酥内嫩或酥香等质感的一种烹调方法。炸，按照成菜不同质感的要求，又分为酥炸、清炸和软炸。炸制类菜肴烹调工艺一般要经过选料、刀工处理、用调味品腌渍入味、挂糊（或不挂糊）、炸制、重油炸等工艺流程。在制作过程中，一般将药材研磨成粉，与淀粉一起，以挂糊的形式进入菜肴，或者煎成药汁，在码味腌渍或调制糊的环节加入菜肴中。

爆：是将一些脆嫩的动物性原料，经过刀工处理后，在旺火热油锅中快速烹制成菜的一种烹调方法。又称之为"火爆"，这种烹调方法仅适宜于成熟后呈脆性的原料，如鲜鱿、海螺、胗子、猪腰、肚尖、鸭肠、黄喉等。爆制类菜肴烹调工艺一般要经过选料、刀工、码味上浆（或不上浆）、滑油（或不滑油）、烹汁亮油等工艺。在制作过程中，如药材属于药食两用的，可以直接加入菜肴中烹制成菜；如果药材不能当作食材的，将其研磨成粉，与淀粉一起，以上浆的形式进入菜肴，或者煎成药汁，在上浆或烹汁环节加入菜肴中。

烧：是将经过刀工处理的原料，经过初步熟处理（过油、焯水等），炒料后加入适量汤汁，先用旺火加热至沸腾，然后改中小火加热熟透，然后收汁或浓汁成菜的一种烹调方法。按照烧制菜品的不同成菜要求，烧制类菜品又分为红烧、白烧、干烧、酱烧等。烧制类菜肴工艺一般要经过选料、刀工处理、初步熟处理、烧制、勾芡（或不勾芡）、浓汁亮油等工艺。在制作过程中，如药材属于药食两用的，可以直接加入菜肴中烹制成菜；如果药材不能当作食材的，将其煎成药汁，在烧制环节加入菜肴中。

蒸：是将经过刀工处理后的原料，事先码味腌制，再置入蒸笼或蒸箱中利用蒸汽作为传热介质，使之成熟的一种烹调方法。按照蒸制菜品不同成菜要求，蒸制类菜品又称为粉蒸、清蒸。蒸制类菜肴工艺一般要经过选料、刀工处理、初步熟处理、腌渍入味、蒸制成菜等工艺流程。在制作过程中，如药材属于药食两用的，可以直接加入菜肴中蒸制成菜；如果药材不能当作食材的，将其煎成药汁，在腌渍入味环节加入菜肴中。

熘：是将切配好的丝、丁、片、块等小型或整型原料（多属鱼虾和禽类），经滑油，或油炸，或蒸，或煮的方法加热成熟，再用芡汁沾裹或浇淋汁成菜的烹调方法。按照操作方法和技巧上的不同，可分为：炸熘、滑熘（鲜熘）、软熘三种。熘制类菜肴工艺一般要经过选料、刀工处理、码味上浆（或挂糊拍粉）、熘汁（或烹汁亮油）的工艺流程。在制作过程中，如药材属于药食两用的，可以直接加入菜肴中蒸制成菜；如果药材不能当作食材的，将其煎成药汁，在腌渍入味环节加入菜肴中；或者将其研磨成粉，在上浆或挂糊环节加入。

炖：是将经过初步熟处理的原料放入特定的炖制器皿中，加入适量水和调味品，加热使原料酥烂入味的一种烹调方法。根据不同的器皿可分为铁锅炖、砂锅炖、瓷盅炖、汽锅炖等；根据炖制方法不同，可分为隔水炖、水中炖等。炖制类菜肴工艺一般要经过选料、刀工、初步熟处理、炖制成菜的工艺流程。在制作过程中，如药材属于药食两用的，可以直接加入菜肴中炖制成菜；如果药材不能当作食材的，将其用纱布包裹扎成药包，与原料一起炖制。

煮：是将初步熟处理的原料放入锅内，加入多量的汤汁或清水，先旺火烧沸腾，再加入原料加热成熟的一种烹调方法。根据成菜的味感，一般分清汤煮，如杞菊酸辣钳鱼；还有一种是红汤煮，麻辣味为主，如水煮牛肉。煮制类菜品的工艺一般要经过刀工处理、初步熟处理、煮制成菜。在制作过程中，如药材属于药食两用的，可以直接加入菜肴中煮制成菜；如果药材不能当作食材的，将其用纱布包裹扎成药包，与原料一起煮制，或煎成药汁或研磨成粉，在码味上浆过程中加入。

煨：是将经过初步熟处理的原料放入锅中，加入多量汤水，用旺火烧沸，再用小火或微火长时间加热至酥烂的一种烹调方法。煨制类菜品加工工艺一般为原料选择、原料初加工、初步熟处理、煨制成菜。此类烹调方法适合于质地粗老的动物性原料，是烹制时间比较长的一种烹调方法。制作过程中应严格控制火候，微火保持微沸状态，加盖封严，防止香味溢出。如药材属于药食两用的，可以直接加入菜肴中煨制成菜；如果药材不能当作食材的，将其用纱布包裹扎成药包，与原料一起煨制。

其他如烩、烤、扒、贴、煎、拔丝、煲等烹调法也是药膳热菜的常用加工方法。

（2）凉菜类药膳制作方法。

凉菜类药膳是将药膳原料或经过初步熟处理，或直接用新鲜的原料，经过拌食后食用。常见的烹调方法有拌、炸收、炝、腌、卤、蒸、冻等方法。

拌：又称"凉拌"，是指将生料或晾凉的熟料，加工切配成丝、丁、片、块、条等规格，用调味品拌制成菜的烹调方法。拌法简便灵活，用料广泛，可以根据人们需求和原料的特征调制出各种味型。根据不同菜品的特点，一般分为生拌、熟拌、温拌、凉拌等。制作药膳过程中，如药材属于药食两用的，可以直接加入菜肴中拌制成菜；如果药材不能当作食材的，将其煎成药汁，将药汁拌入调味汁中即可。

炸收：将清炸后的半成品入锅，加入调味品、掺入鲜汤、用中火或小火加热，使之调味渗透收汁亮油，干香滋润成菜的烹调方法。此类烹调方法制作工艺一般经过刀工处理、码味、初步熟处理、炸制、收制回软。在药膳制作过程中，将药材煎成药汁，收制过程中加入药汁即可。

卤：指将加工处理后的大块或整形原料，放入卤汁中，加热煮熟使卤汁的香鲜味渗透入味成菜的烹调方法。此法制作关键在于卤汁的调制，其一般工艺流程包括：选料、原料腌制、卤汁成菜。在药膳制作过程中，先将药材煎成药汁，在腌制或卤汁过程中加入药汁即可。

腌：是指将原料浸入调味卤汁中，或与调味品拌匀，以排除原料内部水分，使调味汁渗透入味成菜的制作方法。一般有盐腌、酒腌、糟腌之分。药材一般先将其煎成药汁，在腌制的过程中加入即可。

（3）药粥的制作方法。

药粥是药物与粮谷类食物共同熬煮而成。其制作简单，取食方便，易于消化吸收，被古人推崇为益寿防病的重要膳食。在制作过程中注意粮谷、药物和水的比例，控制好熬粥的火候和药食入膳的方式。

药材与粮谷同煮：将形、色、味俱佳，并且能食用的药材与粮谷共同煮制。

药材研末与粮谷同煮：将较大的中药材，或质地较硬的药物，将其粉碎为细末后与粮谷同煮。

药材提汁与粮谷同煮：不能直接食用或感官刺激太强的药物，不宜与粮谷同煮，必须煎煮取汁与粮谷一起熬制成粥。

汤汁类与粮谷同煮：将动物乳汁，或肉类汤汁与粮谷一起熬制成粥。

（4）药膳面点制作方法。

药膳面点是将药物加入面点中制成的保健食疗食品。这类食品可作主食，也可作宴席点心或零食。一般是将将药材研磨成粉末，或将药材煎成药汁与面粉一起揉制成面团。一般制作工艺包括和面、揉面、加药、上馅、制熟等工艺流程。

（5）药膳饮料制作方法。

药膳饮料一般包括药酒、保健饮料、药茶等，主要以药物、水或酒为主要原料加工制作而成，具有保健或食疗作用。

药酒：药酒一般以白酒、黄酒为基料，将药物浸泡其中。酒自身具有"通血脉，行药力，温肠胃，御风寒"作用，酒与中药材结合，能很好起到促进药力的作用，所以药酒是常用的保健治疗性饮料。其制作有冷浸法、热浸法、煎煮法、酿造法等不同工艺。

保健饮料：将药物、水、糖等作为原料，用浸泡、煎煮、蒸馏等方法提取药汁，再经沉淀、过滤、澄清，最后加入冰糖、蜂蜜等兑制而成。

药茶：将药物与茶叶相匹配，放于杯内，冲以沸水，盖闷15分钟左右即可饮用。也可根据个人习惯或需求，加入适量白糖、蜂蜜等；或将药物加水煎煮后滤汁，当作茶饮；或将药物加工成细粉或粗粉，分袋包装，临饮时用开水冲泡饮用。

（三）药膳的调味

膳食的调味是为获得良好的口感，以满足用膳者对美味的追求。药膳食疗菜肴的调味与其他菜肴的调味有所区别。药膳食疗菜肴是以防病、保健、延缓衰老为主要目的，除可口外，必须要尽可能地保持原有的疗效。古人云："味有出于天赋者，有成于人为者。天之所赋者，谷蔬菜果，自然冲和之叶，有食之补阴之功。此《内经》所谓味也。人之所为者，皆烹饪调和偏厚之味，有致疾伐命之毒。"药膳食疗主张用自然味道以疗疾，反对用过多的调味品改变食物本味。就烹饪中使用的调味品而言，其本身就可归属于中药范畴，具有相应的性味功能，大多是辛温之品，如花椒、胡椒、干姜、桂皮等，对寒凉性的病证使用有较好的疗效，温热性的病证就另当别论了。

一般而言，各种药膳原料经烹调后都具有其自身的鲜美口味，应尽量保持药膳的原汁原味。但有不少食物虽有很好的疗效，但腥膻之味较重，如羊肉、牛鞭等，可用一定量的调味品以掩避异味，使人们乐于食用。

药膳菜肴应根据具体情况而选择调味方法。用于"阴证"的菜品，调味多清淡，某些情况下，适当加入花椒、八角、茴香等辛温调味品，能调和养阴之品的滋润之性。用于"阳证"的菜品比前者可适当浓厚。有时在温阳菜品中加入青笋、黄瓜、丝瓜等甘凉滋润之品，可以缓解温热药食的燥热之性。

第四节 常用药食

一、补益类药食

凡能补养正气、增强机体抵抗能力以及以治疗虚弱证候为主要作用的药物和食物都称之为补益类药食。

补养类药食是药膳食疗中使用较多的一类,按其功效和应用范围的不同,又可分为补气类、补阳类、补血类和补阴类四大类型。在药膳应用中应根据虚弱证的不同类型,选择使用相应的补养类药食。如气虚者选用补气类,阳虚者选用补阳类,血虚者选用补血类,阴虚者选用补阴类等。同时,由于人体气、血、阴、阳在生命活动中是相互依存、相互作用的,所以各类补养药食在使用时又经常相互配伍,共同调理。补养类药食不适用于实证,因其能"闭门留寇"而加重病情,不能盲目进补。在使用补养类药食时,还应该顾护脾胃,适当搭配健脾养胃的药食,以促进脾胃的运化,使补养类药食能充分发挥疗效。

(一) 补气类药食

具有补气功能,能增强脏腑功能和机体活动能力,治疗气虚证的药物和食物,称为补气类药食。

补气类药食能增强机体活动能力,特别是脾、肺二脏的活动功能,所以最适宜于脾肺气虚的病证。脾为后天之本,生化之源,脾气虚则食欲不振、大便溏泄、脘腹胀满、神倦乏力,甚至浮肿、脱肛;肺主一身之气,肺虚则少气懒言,动则喘息,易出虚汗。凡出现上述症状者,都可使用补气类药食。

由于气旺则血旺,气旺可以生血,气能摄血,因此在补血、止血时也常配伍补气类药食。

服用补气类药食如产生气滞,出现胸闷、腹胀、食欲不振等症,可适当配伍理气类药食,如陈皮、砂仁等。

人参

【来源】为五加科植物人参的根。

【性能】味甘、微苦，性温。入脾、肺经。

【功效】大补元气，固脱生津，安神益智。

【应用】

1. 用于脾气虚弱、倦怠无力、食欲不振、久泻不止、脏器下垂和各种出血证等。可配伍山药、大枣、鸡肉等同用。

2. 用于肺气虚弱、动辄气喘、肢体无力、体虚多汗。可单用炖汤。

3. 用于津伤口渴。可配伍粳米、鸡子白等同用。

【用法】泡、炖、蒸、焖、煨、煮、熬。

【用量】1～10 g。

【注意】阴虚阳亢、骨蒸潮热，肺有实热或痰气壅滞的咳嗽，肝阳上升、头晕目赤，以及一切火郁内实之证均忌服。

党参

【来源】为桔梗科植物党参、素花党参等的根。

【性能】味甘，性平。入脾、肺经。

【功效】补中益气，养血生津。

【应用】

1. 用于气血亏虚，面色萎黄，精神不振等。可配当归、母鸡炖汤服。

2. 用于脾气不足，倦怠嗜睡，头面虚肿，食少便溏。可配伍黄芪、鸡肉同用。

【用法】泡、炖、蒸、焖、煨、煮、熬。

【用量】10～15 g。

【注意】热证、实证不宜使用。

西洋参

【来源】为五加科植物西洋参的根。

【性能】味甘、微苦,性寒。入肺、心、肾经。

【功效】益气养阴,清火生津。

【应用】

1. 用于胃阴虚,胃脘痛、食欲不振。可配伍石斛、山药等同用。

2. 用于气阴不足,口干烦渴、气短乏力。可配伍粳米、麦冬、淡竹叶等同用。

【用法】泡、炖、蒸、焖、煨、煮、熬。

【用量】3~6 g。

【注意】中阳衰微、胃有寒湿者忌服。

黄芪

【来源】为豆科植物黄芪或蒙古黄芪的根。

【性能】味甘,性微温。入脾、肺经。

【功效】补气升阳,益卫固表,利水退肿,托毒生肌。

【应用】

1. 用于气虚体倦乏力、动辄多汗、便溏腹泻及中气下陷所引起的脏器下垂等。可配伍人参、鸡肉等同用。

2. 用于虚汗证。可单用或配伍应用。

3. 用于气虚水肿,小便不利。可配伍鲤鱼等同用。

【用法】泡、炖、蒸、焖、煨、煮、熬。

【用量】10~30 g。

【注意】表实邪盛,内有积滞,阴虚阳亢,疮疡阳证、实证,不宜使用。

山药

【来源】为薯蓣科植物薯蓣的根茎。

【性能】味甘,性平。入脾、肺、肾经。

【功效】补脾养胃,养阴益肺,补肾涩精。

【应用】

1. 用于脾气虚弱、食少便溏或久泻久痢。可单用或配伍茯苓、莲子、粳米等同用。

2. 用于肺虚久咳。可单用或配伍甘蔗汁、柿霜饼等同用。

3. 用于肾虚遗精,或妇女白带过多。可配伍莲子、芡实等同用。

【用法】炖、蒸、焖、煨、煮、熬。

【用量】10～30 g。

【注意】湿盛者忌用。

大枣

【来源】为鼠李科植物枣的成熟果实。

【性能】味甘,性温。入脾、胃经。

【功效】补中益气,养血安神,缓和药性。

【应用】

1. 用于脾气虚弱、食欲不振、倦怠乏力。可配伍山药、茯苓、粳米等同用。

2. 用于心血亏虚,面色萎黄、心悸失眠及妇女脏躁等。可配伍桂圆、猪心等同用。

【用法】泡、炖、蒸、焖、煨、煮、熬、生食。

【用量】9～15 g。

【注意】凡湿浊中满、虫积、齿病者慎用。

鸡肉

【来源】为雉科动物家鸡的肉。

【性能】味甘,性温。入脾、胃经。

【功效】温中补脾,益气养血,补肾益精。

【应用】

1. 用于虚损羸瘦,久病不复,或脾虚水肿。可单用本品。前者亦可配伍黄芪、当归等同用;后者可与赤小豆配伍。

2. 用于气血不足,心悸眩晕或产后乳汁少。可与当归、大枣、花生等配伍。

【用法】炖、蒸、焖、煨、烧、炒、凉拌。

【注意】凡邪实,邪毒未清者不宜食。

牛肉

【来源】为牛科动物黄牛或水牛的肉。

【性能】黄牛肉味甘,性温;水牛肉味甘,性平。入脾、胃经。

【功效】补脾胃,益气血,强筋骨。

【应用】

1. 用于脾胃气虚,少食泄泻、浮肿等。可单用本品或与赤小豆配伍。

2. 用于脾胃虚寒,腹痛便溏。可配伍砂仁、陈皮、生姜等同用。

【用法】炖、蒸、焖、煨、烧、炒、凉拌。

兔肉

【来源】为兔科动物蒙古兔、东北兔、高原兔、华南兔、家兔等的肉。

【性能】味甘，性凉。入肝、大肠经。

【功效】健脾补中，凉血解毒。

【应用】

1. 用于脾胃虚弱，饮食减少，体倦乏力。可与党参、黄芪、大枣配伍。

2. 用于消渴口干。可与山药、天花粉同用。

【用法】蒸、焖、煨、烧、卤、炒、凉拌。

【注意】脾胃虚寒者不宜。

鳝鱼

【来源】为合鳃科动物黄鳝的肉。

【性能】味甘，性温。入肝、脾、肾经。

【功效】补虚损，除风湿，强筋骨。

【应用】

1. 用于气血不足，体倦乏力，心悸气短，头晕眼花。可同猪瘦肉、黄芪等同用。

2. 用于久患风湿，肢体酸痛，腰脚无力。可与杜仲、桑寄生、五加皮等配伍。

【用法】蒸、焖、煨、烧、干煸、炒。

【注意】患时病者不宜。

粳米

【用法】蒸、煮。

【来源】为禾本科植物稻去壳的成熟种仁。

【性能】味甘，性平。入脾、胃经。

【功效】益脾和胃，除烦渴。

【应用】

1. 用于脾胃虚弱，胃气不和，呕逆少食。本品常用作补气健脾药如人参、山药、莲子等的辅助品。

2. 用于热伤胃阴，烦渴口干。可单用。

（二）补阳类药食

具有补助阳气的功能，能增强人体功能活动和抗寒能力，治疗阳虚证的药物和食物，称为补阳类药食。

阳虚证主要包括心阳虚、脾阳虚、肾阳虚等证。由于肾阳为元阳，是诸阳之本，所以阳虚诸证往往与肾阳不足有十分密切的关系。

药膳食疗中使用补阳类药食应注意，其性多温燥，易伤阴助火，故阴虚火旺者不宜使用。

鹿茸

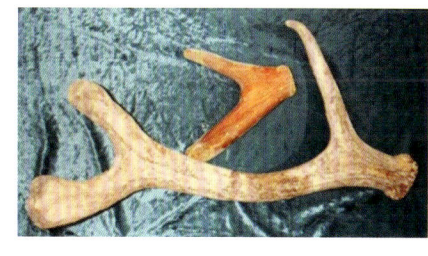

【来源】为鹿科动物梅花鹿或马鹿的雄鹿未骨化而密生茸毛的幼角。

【性能】味甘、咸，性温。入肾、肝经。

【功效】壮肾阳，益精血，强筋骨，调冲任，托疮毒。

【应用】

1. 用于阳痿尿频。可配伍山药应用。
2. 用肾精亏虚，面色黧黑，耳聋目昏，腰痛脚弱，小便白浊。可配伍当归使用。
3. 用于肾虚腰痛，遇劳则甚。可配伍菟丝子、小茴香、羊肾等同用。

【用法】泡、炖、蒸、焖、煨、煮，熬，研末。

【用量】1～3 g。

【注意】宜从小剂量开始；凡阴虚阳亢，血分有热，胃火盛、肺有痰热及外感热病忌服。

肉苁蓉

【来源】为列当科植物肉苁蓉的肉质茎。

【性能】味甘、咸,性温。入肾、大肠经。

【功效】补肾阳,益精血,润肠通便。

【应用】

1. 用于阳虚便秘及命门火衰,四肢不温,腰膝冷痛等。可配伍羊肉应用。

2. 用于肾阳不足,滑精,宫冷不孕等。可配伍羊肉、鹿角胶等同用。

【用法】泡、炖、蒸、焖、煨、煮、熬。

【用量】10～15 g。

【注意】阴虚火旺,大便滑泻,实热便秘者忌服。

杜仲

【来源】为杜仲科植物杜仲的树皮。

【性能】味甘、微辛,性温。入肝、肾经。

【功效】补肝肾,强筋骨,安胎。

【应用】

1. 用于肝肾亏虚,腰脊酸疼,足膝痿弱以及阳痿等。可配伍猪肾、羊肾等应用。

2. 用于胎动不安。可配伍续断、大枣等同用。

【用法】泡、炖、蒸、焖、煨、煮、熬。

【用量】6～15 g。

【注意】阴虚火旺者慎服。

蛤蚧

【来源】为壁虎科动物蛤蚧除去内脏的全体。

【性能】味咸，性平。入肺、肾经。

【功效】助肾阳，补肺气，益精血，定喘咳。

【应用】

1. 用于肾虚咳喘。可配伍人参应用。
2. 用于肾虚，阳痿、小便频数。可单用泡酒。

【用法】泡、炖、蒸、焖、煨、煮、熬。

【用量】3～6 g。

【注意】外感风寒、实热喘咳者忌服。

冬虫夏草

【来源】为麦角菌科真菌冬虫夏草菌的子座及其寄主蝙蝠蛾科昆虫虫草蝙蝠蛾等的幼虫体的复合体。

【性能】味甘，性温。入肺、肾经。

【功效】益肾壮阳，补肺平喘，止血化痰。

【应用】

1. 用于病后虚损。可配伍老雄鸭应用。
2. 用于虚喘、痨嗽、咯血、自汗盗汗、阳痿遗精等虚劳诸证。可配伍猪肉、小米应用。
3. 用于肾虚阳痿遗精、腰膝酸痛。可单用泡酒或配伍鸡肉、羊肉等同用。

【用法】泡、炖、蒸、焖、煨、煮、熬。

【用量】5～10 g。

【注意】有表邪者慎用。

胡桃仁

【来源】为胡桃科植物胡桃的成熟种仁。

【性能】味甘，性温。入肺、肾经。

【功效】补肾固精，温肺定喘，润肠通便。

【应用】

1. 用于肾虚腰痛，尿频遗尿，滑精带下等。可单用或配伍应用。

2. 用于肺肾亏虚，咳嗽喘息。可配伍人参、杏仁应用。

3. 用于肠燥便秘。可配伍蜂蜜应用。

4. 经常食用本品，有润肤、乌发、益智之效。

【用法】炖、蒸、焖、煨、煮、炒、研末。

海参

【来源】为刺参科动物刺参或其他种海参的全体。

【性能】味甘、咸，性平。入肾、肺经。

【功效】补肾益精，养血润燥。

【应用】

1. 用于治疗肾虚阳痿、小便频数。可配伍羊肉应用。

2. 用于精血虚亏，消瘦乏力，或经闭。可配伍猪瘦肉服食。

3. 用于阴血虚亏，肠燥便结。可配伍木耳同用。

【用法】炖、蒸、焖、煨、烧、煮。

羊肉

【来源】为牛科动物山羊或绵羊的肉。

【性能】味甘,性温。入脾、肾经。

【功效】温中健脾,补肾壮阳,益气养血。

【应用】

1. 用于脾胃虚寒,食少腹泻,四肢不温,神疲乏力。可配伍粳米应用。

2. 用于肾阳虚所致的阳痿、腰膝酸软、畏寒、夜尿多、小便清长等。可单用。

3. 用于产后血虚有寒,腹中疼痛,或血虚经寒腹痛。可与当归、生姜配伍。

【用法】炖、蒸、焖、煨、烧、炒。

【注意】外感时邪或素体有热者不宜。

河虾

【来源】为长臂虾科动物青虾等多种淡水虾的全体或肉。

【性能】味甘,性温。入肝、肾经。

【功效】补肾壮阳,通乳,托毒。

【应用】

1. 用于肾虚阳痿。可配伍韭菜应用。

2. 用于产后乳汁不足。可配伍猪蹄应用。

3. 用于体虚,麻疹、水痘出而不畅。可单用研末服。

【用法】炸、烧、炒。

（三）补血类药食

具有补血功能，治疗血虚证的药物和食物，称为补血类药食。

血虚证一般表现为面色萎黄，嘴唇及指甲苍白，头晕眼花，心慌心悸，失眠健忘及妇女月经后期量少色淡，甚至出现闭经等证。出现上述症状均可使用补血类药食进行调理。

补血类药食大多味甘质腻，易妨碍消化，故应用时可配伍健脾行气的药食，以助运化。如有湿浊内阻、脘腹胀满、食少便溏者不宜使用。

阿胶

【来源】为马科动物驴的皮经煎熬、浓缩而制成的固体胶。

【性能】味甘，性平。入肝、肺、肾经。

【功效】补血止血，滋阴润燥。

【应用】

1. 用于血虚眩晕，心慌心悸。可单用或与猪肉等配伍。

2. 用于咯血、衄血、吐血、尿血、便血、崩漏以及胎漏等。可单用或配伍人参。

3. 用于老人体虚，大便秘结。可配伍葱白、蜂蜜。

【用法】烊化。

【用量】5～10 g。

【注意】脾胃虚弱，消化不良者慎服。

何首乌

【来源】为蓼科植物何首乌的干燥块根。

【性能】味苦、甘、涩,性微温。入肝、肾经。

【功效】补益精血,截疟解毒,润肠通便。

【应用】

用于须发早白,头晕,耳鸣,失眠,腰膝酸软,梦遗滑精,崩漏带下。可配伍粳米、红枣同用。

【用法】泡、炖、蒸、焖、煨、煮、熬。

【用量】10~30 g。

【注意】大便溏泄及有湿痰者慎服;忌铁器。

当归

【来源】为伞形科植物当归的根。

【性能】味甘、辛,性温。入肝、心、脾经。

【功效】补血活血,调经止痛,润肠通便。

【应用】

1. 用于久病体虚,倦怠乏力,消瘦。可配伍党参、鳝鱼应用。

2. 用于月经不调而属血虚、血瘀。可配伍红花、丹参、糯米应用。

【用法】泡、炖、蒸、焖、煨、煮、熬。

【用量】5~15 g。

【注意】湿盛中满、大便溏泻者忌用。

龙眼肉

【来源】为无患子科植物龙眼的假种皮。

【性能】味甘,性温。入心、脾经。

【功效】补益心脾,养血安神。

【应用】

1. 用于心脾两虚,气血亏损、心悸失眠、健忘等。可单用或配伍人参、大枣、芝麻等同用。

2. 用于气血不足,面色萎黄、倦怠乏力或月经不调等。可单用。

【用法】泡、炖、蒸、焖、煨、煮、熬。

【用量】10～15 g。

【注意】内有痰火及湿滞停饮者忌服。

猪肝

【来源】为猪科动物猪的肝脏。

【性能】味甘、苦,性温。入肝经。

【功效】补肝,养血,明目。

【应用】用于肝虚目昏,远视无力。可配伍枸杞同用。

【用法】煮、卤、炒。

葡萄

【来源】为葡萄科植物葡萄的果实。

【性能】味甘、微酸,性平。入肺、脾、肾经。

【功效】补气血,强筋骨,利小便。

【应用】

1. 用于气血不足,神疲乏力、盗汗。可用葡萄干配伍龙眼肉应用。

2. 用于淋证,小便不利。可以鲜品绞汁应用。

【用法】干品泡、炖、蒸、焖、煨、煮、熬,鲜品生食。

（四）补阴类药食

具有滋养阴液、生津润燥，维持人体生理活动，治疗阴虚证的药物和食物，称为补阴类药食。

阴虚证主要包括肺阴虚、胃阴虚、肝阴虚和肾阴虚等证。

补阴药甘寒滋腻，脾胃虚弱、痰湿内阻、腹胀便溏者不宜使用。

枸杞

【来源】为茄科植物宁夏枸杞的干燥成熟果实。

【性能】味甘，性平。入肝、肾、肺经。

【功效】滋补肝肾，益精明目。

【应用】

1. 用于肝肾亏虚，视物昏花，腰膝酸软，耳鸣等。可单用或配伍猪肝、菊花等同用。

2. 用于虚劳咳嗽。可配伍猪肺等同用。

【用法】泡、炖、蒸、焖、煨、煮、熬。

【用量】10～15 g。

【注意】脾虚便溏者慎服。

黄精

【来源】为百合科植物黄精、多花黄精和滇黄精的根茎。

【性能】味甘，性平。入脾、肺、肾经。

【功效】养阴润肺，补脾益气，滋肾填精。

【应用】

1. 用于肺痨咳血，阴虚燥咳等。可单用或配伍冰糖、猪肉等同用。

2. 用于脾胃虚弱、食少纳呆。可配伍人参、鸡肉等同用。

【用法】泡、炖、蒸、焖、煨、煮、熬。

【用量】10～15 g。

【注意】中寒泄泻，痰湿痞满气滞者忌服。

玉竹

【来源】为百合科植物玉竹的根茎。

【性能】味甘，性平。入肺、胃经。

【功效】滋阴润肺，养胃生津。

【应用】

1. 用于热病伤阴，咽干咳嗽或秋冬肺燥干咳。可配伍猪肉应用。

2. 用于消渴或热病后期津伤，口干舌燥。可配伍粳米、冰糖应用。

【用法】泡、炖、蒸、焖、煨、煮、熬。

【用量】10～15 g。

【注意】痰湿气滞者禁服，脾虚便溏者慎服。

天门冬

【来源】为百合科植物天门冬的块根。
【性能】味甘、苦,性寒。入肺、肾经。
【功效】滋阴润燥,清肺降火。
【应用】用于肺肾阴虚,咳嗽吐血,阴虚发热,咽喉肿痛,消渴便秘。可与粳米、冰糖配伍。
【用法】泡、炖、蒸、焖、煨、煮、熬。
【用量】6~15 g。
【注意】虚寒泄泻及风寒咳嗽者禁服。

燕窝

【来源】为雨燕科动物金丝燕及多种同属燕类用唾液或唾液与绒羽等混合凝结所筑成的巢窝。
【性能】味甘,性平。入肺、胃、肾经。
【功效】养阴润燥,益气补中。
【应用】
1. 用于阴虚肺燥,干咳少痰,潮热盗汗,手足心热。可配伍银耳、冰糖同用。
2. 用于胃阴不足,噎膈反胃,呕吐少食。可与牛奶配伍。

食用加工方法:先用清水刷洗一遍,再放入80 ℃热水中浸泡约3小时,使膨胀松软,然后用镊子将毛绒除净,再放入100 ℃开水中泡1小时左右,即可取出烹制。
【用法】炖、蒸、焖、煨、煮。
【注意】肺胃虚寒,湿痰停滞及有表邪者忌用。

银耳

【来源】为银耳科植物银耳的子实体。

【性能】味甘、淡,性平。入肺、胃、肾经。

【功效】滋阴润肺,益胃生津。

【应用】

1. 用于虚劳咳嗽、痰中带血、阴虚燥咳。可配伍冰糖同用。

2. 用于胃阴不足,口干思饮,大便秘结。可与猪肉配伍。

【用法】炖、蒸、煮。

【注意】风寒咳嗽者及湿热酿痰致咳者禁用。

乌骨鸡

【来源】为雉科动物乌骨鸡去羽毛及内脏的全体。

【性能】味甘,性平。入肝、肾、肺经。

【功效】补肝肾,益气血,退虚热。

【应用】

1. 用于肝肾不足,眩晕耳鸣、遗精、带下、白浊等。可配伍人参、山药、莲子、白果等同用。

2. 用于阴血亏虚,潮热盗汗。可配伍当归、白芍、知母、地骨皮等同用。

【用法】炖、蒸、焖、煨、烧、炒、凉拌。

鸭肉

【来源】为鸭科动物家鸭的肉。

【性能】味甘、咸,性平。入肺、脾、肾经。

【功效】滋阴养胃,利水消肿。

【应用】

1. 用于阴虚劳热,咳嗽咽干。可配伍天门冬同用。

2. 用于脾胃虚弱,水肿、小便不利。可与莲子、冬瓜、薏苡仁配伍。

【用法】炖、蒸、焖、煨、烧、炒。

【注意】外感初起,或便溏、腹泻者不宜。

二、温里类药食

凡能温散里寒,温暖脏腑,治疗里寒证的药物和食物,称为温里类药食。

温里类药食性味辛热,能温暖中焦,健运脾胃,散寒止痛,有些药物还有回阳、助阳之效。

里寒证包括两方面,一为寒邪内侵,脾胃阳气被困而见脘腹冷痛、呕吐泻泄;二为阳气不足,阴寒内盛而见畏寒肢冷、面色苍白、小便清长、舌淡苔白,脉象沉细;或大汗亡阳,见四肢厥逆、汗出神疲、脉微欲绝。出现上述症状者,可选用温里类药食。

本类药食辛热燥烈,使用不当易致伤津动血。凡实热证、阴虚火旺、津血不足者忌服;孕妇慎用。

附子

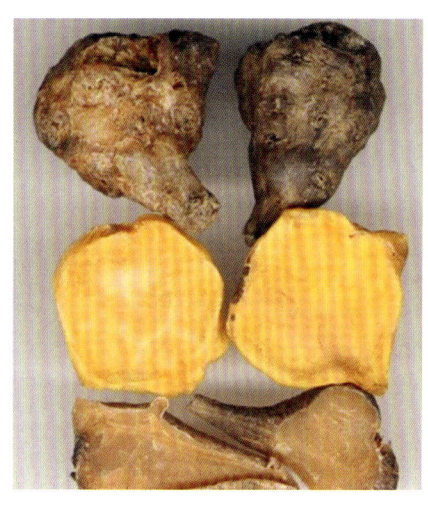

【来源】为毛茛科植物乌头的子根加工品。

【性能】味辛、甘，性热。有毒。入心、肾、脾经。

【功效】回阳救逆，补火助阳，散寒止痛。

【应用】

1. 用于脾肾阳虚，畏寒肢冷，脘腹冷痛，大便溏泻。可配伍羊肉、生姜等同用。

2. 用于寒湿痢疾，里急后重，腹中绞痛。可配伍炮姜等同用。

【用法】先煎0.5～1小时，再泡、炖、蒸、焖、煨、煮、熬。

【用量】3～15 g。

【注意】阴虚阳亢者及孕妇忌用。

肉桂

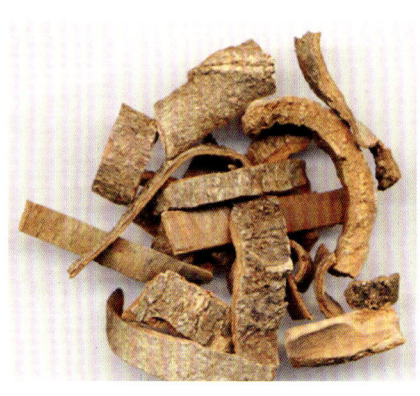

【来源】为樟科植物肉桂的干燥树皮及枝皮。

【性能】味辛、甘，性热。入肾、脾、心、肝经。

【功效】补火助阳，散寒止痛，温经通脉。

【应用】

1. 用于肾阳不足，畏寒肢冷，腰膝冷痛等。多作调味品配伍应用。

2. 用于妇女冲任虚寒，痛经、闭经。多作调味品配伍应用。

【用法】泡、炖、蒸、焖、煨、煮、熬。

【用量】2～5 g。

【注意】阴虚火旺者忌服，孕妇慎用。

花椒

【来源】为芸香科植物花椒的果皮。

【性能】味辛,性温。有小毒。入脾、肺、肾经。

【功效】温中止痛,除湿止泻,杀虫止痒。

【应用】

1. 用于脘腹冷痛呕吐、泄泻。可单用或配伍应用。

2. 用于蛔虫腹痛。可配伍醋应用。

【用法】泡、炖、蒸、焖、煨、烧、煮。

【注意】阴虚火旺者忌服,孕妇慎用。

红糖

【来源】为禾本科植物甘蔗的茎中汁液,经提取炼制而成的赤色结晶体。

【性能】味甘、性温。归脾、胃、肝经。

【功效】补中缓急,和血行瘀。

【应用】

1. 用于脾胃虚弱,腹痛呕哕。可同橘皮、生姜配伍。

2. 用于产后恶露不尽及痛经等。可配伍山楂、醪糟。

【用法】煮、熬、研末。

【注意】有痰湿或湿热者不宜。

鲢鱼

【来源】为鲤科动物鲢鱼的肉。

【性能】味甘，性温。入脾、胃经。

【功效】温中益气，利水。

【应用】

1. 用于脾胃虚弱，食少乏力，虚寒冷泻。可佐以生姜、胡椒等应用。

2. 用于脾虚水肿。可配伍赤小豆应用。

【用法】炖、蒸、烧、煮、熘。

【注意】有皮肤疮疥者不宜食用。

韭菜

【来源】为百合科植物韭的叶。

【性能】味辛，性温。入肝、胃、肾经。

【功效】补肾助阳，温中开胃，散瘀血。

【应用】

1. 用于肾虚阳痿、遗精遗尿，腰膝酸软。可配伍胡桃仁应用。

2. 用于噎膈反胃，脘腹冷痛，饮食减少。可单用捣汁饮或配伍生姜同用。

3. 用于胸痹疼痛。可单用捣汁饮或配伍薤白同用。

【用法】炒、凉拌、生食。

【注意】阴虚有热或患疮疡、目疾的病人不宜。

三、理气类药食

凡能调理气分疾病，疏畅气机，治疗气滞、气逆证候的药物和食物，称为理气类药食。

理气类药食大多气香性温，其味辛、苦，善于行散或泄降，具有理气健脾、行气止痛、顺气降逆、疏肝解郁或破气散结等功效。

本类药食辛燥者居多，易耗气伤阴，故气虚及阴亏者不宜选择。

陈皮

【来源】本品为芸香科植物橘及其栽培变种的干燥成熟果皮。

【性能】味辛、苦，性温。入脾、肺经。

【功效】理气调中，燥湿化痰。

【应用】

1. 用于脾胃气滞，胃脘胀痛，饱闷不适，食后尤甚，痛无定处，嗳气频作。可与粳米配伍。

2. 用于痰湿咳嗽，痰多而稀，舌苔白腻。可单用或配伍应用。

【用法】泡、炖、蒸、焖、煨、煮、熬。

【用量】3～10 g。

【注意】气虚证、阴虚燥咳及舌赤少津、内有实热者慎服。

香附

【来源】为莎草科植物莎草的根茎。

【性能】味辛、微苦、微甘,性平。入肝、三焦经。

【功效】理气解郁,调经止痛。

【应用】用于胸胁胀满,脘腹疼痛,食欲不振,月经不调,乳房肿胀,心中郁闷。可单用泡酒。

【用法】泡、炖、蒸、焖、煨、煮、熬。

【用量】6～12 g。

【注意】气虚无滞,阴虚及血热者禁服。

玫瑰花

【来源】为蔷薇科植物玫瑰初放的花。

【性能】味甘、微苦,性温。入肝、脾经。

【功效】疏肝理气,和血调经。

【应用】

1. 用于肝胃气痛,胸闷胁痛、胃脘胀痛。可单用冲泡代茶饮。

2. 用于月经不调、吐血、咯血、跌打瘀痛。可配伍红糖应用。

【用法】泡、炖、蒸、焖、煨、煮。

四、理血类药食

以调理人体之血为主要作用的药物和食物,称为理血类药食。

理血类药食除了见于相关章节的补血、凉血等类外,还有止血和活血类。

(一)止血类药食

凡能制止各种体内外出血,保护血脉正常运行,以治疗出血证为主要作用的药物和食物,称为止血类药食。

止血类药食适用于多种出血证,如咯血、咳血、吐血、便血、尿血、崩漏、紫癜及外伤出血等证。

在使用本类药食时,应注意有无瘀血。若瘀血未尽,须配伍活血祛瘀类药食,不能单纯使用止血类药食。

三七

【来源】为五加科植物三七的干燥根。

【性能】味甘、微苦,性温。入肝、胃经。

【功效】化瘀止血,活血定痛。

【应用】

1. 用于吐血、衄血、产后血多。可单用研末米汤冲服,或配伍应用。

2. 用于各种肿块瘿瘤。可配伍应用。

【用法】泡、炖、蒸、焖、煨、煮、熬。

【用量】3~10 g。

【注意】孕妇慎服。

猪肠

【来源】为猪科动物猪的大肠。

【性能】味甘,性微寒。入大肠经。

【功效】收敛止血。

【应用】用于久泻脱肛,痔疮下血。可单用炖食。用于后者,可配伍槐花、米醋应用。

【用法】炖、蒸、烧、卤。

【注意】有外感病者不宜。

木耳

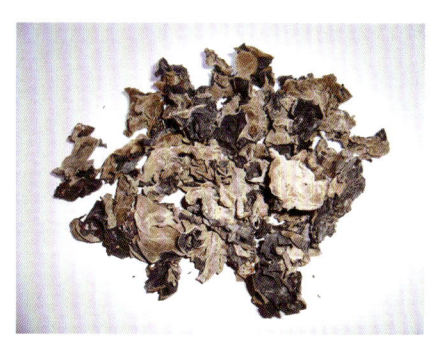

【来源】为木耳科真菌木耳、毛木耳及皱木耳的子实体。

【性能】味甘,性平。入肺、胃、肝经。

【功效】润肺养阴,止血。

【应用】

1. 用于阴虚肺燥,干咳无痰,或痰黏量少。可与百合、蜂蜜配伍。

2. 用于吐血、便血、痢疾、痔疮出血,崩漏等。可用本品加糖炖服,或配伍应用。

【用法】炖、煮、炒、凉拌。

【注意】便溏腹泻者不宜。

藕

【来源】为睡莲科植物莲的肥大根茎。

【性能】味甘,性凉,熟用性微温。入脾、胃、心经。

【功效】生用清热生津,凉血散瘀;熟用能补益脾胃,止泻,益血。

【应用】

1. 用于热病烦渴、热淋。可配伍梨汁、蔗汁同用。

2. 用于血热衄血、吐血、便血。可生食或绞汁饮,或与白茅根配伍。

3. 用于脾胃虚弱,少食腹泻。可配伍大枣、生姜同用。

4. 用于血虚证。可配伍猪肉、当归同用。

【用法】炖、蒸、炒、生食。

【注意】脾胃虚寒者忌生藕。

蕹菜

【来源】为旋花科植物蕹菜的茎、叶。

【性能】味甘,性寒。归肠、胃经。

【功效】凉血止血,滑肠通便,清热利湿。

【应用】

1. 用于血热衄血、咳血、便血、尿血。可绞汁配伍蜂蜜应用。

2. 用于热淋,小便不利,或湿热带下。可单用。

3. 用于大便涩滞不利。可配伍猪肉煮食。

【用法】炒、煮、凉拌。

【注意】脾虚泄泻者不宜。

（二）活血类药食

活血类药食是指以利血脉、促进血行、消散瘀血、治疗瘀血证候为主要作用的一类药物和食物。

本类药食长于走散，具行血、散瘀、通经、利痹、消肿及定痛等功用，用于血行失畅，瘀血阻滞之证。

活血类药食易耗血动血，妇女月经过多及出血无瘀者都忌用；孕妇尤当慎用或忌用。

川芎

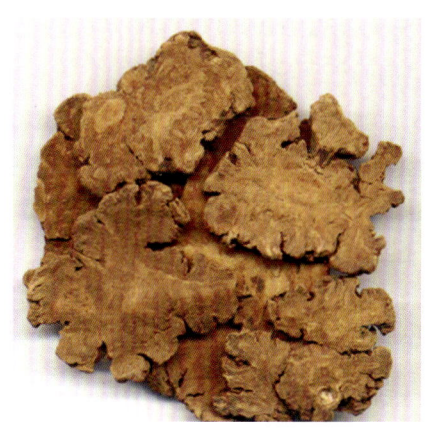

【来源】为伞形科植物川芎的根茎。

【性能】味辛，性温。入肝、胆、心包经。

【功效】活血行气，祛风止痛。

【应用】

1. 用于男女头风，四肢拘挛痹痛。可配伍白芷、鱼头应用。

2. 用于中风后遗症。可配伍应用。

【用法】泡、炖、蒸、焖、煨、煮、熬。

【用量】3～10 g。

【注意】阴虚火旺，多汗者慎用；月经过多者慎用。

红花

【来源】为菊科植物红花的花。
【性能】味辛,性温。入心、肝经。
【功效】活血通经,祛瘀止痛。
【应用】
1. 用于产后头晕心烦闷。可配伍使用。
2. 用于妇女血瘀性痛经。可单用泡酒,或与山楂配伍。
【用法】泡、炖、蒸、焖、煨、煮、熬。
【用量】3~10 g。
【注意】孕妇及月经过多者禁用。

蟹

【来源】为方蟹科动物中华绒螯蟹和日本绒螯蟹的肉和内脏。
【性能】味咸,性寒。入肝、胃经。
【功效】清热,散瘀,消肿解毒。
【应用】用于跌打损伤、骨折。可用黄酒温浸服。
【用法】蒸、烧、炒、煮。
【注意】孕妇及脾胃虚寒者慎用。

五、消食类药食

凡能消食化积，增强脾胃运化功能，治疗饮食积滞证候的药物和食物，称为消食类药食。

山楂

【来源】为蔷薇科植物山楂或山里红的果实。

【性能】味甘、酸，性微温。入脾、胃、肝经。

【功效】消食化积，活血散瘀。

【应用】

1. 用于肉食积滞、脘腹胀满、腹痛泄泻、小儿疳积等。可单用或配伍应用。

2. 用于产妇恶露不尽、腹中疼痛、或儿枕作痛。可单用或配伍红糖应用。

【用法】泡、炖、蒸、焖、煨、煮、熬、生食。

【用量】3～10 g。

【注意】脾胃虚弱而无积滞者不宜，孕妇慎服。

鸡内金

【来源】为雉科动物家鸡的干燥砂囊内膜。

【性能】味甘，性平。入脾、胃、肾、膀胱经。

【功效】健脾消食，涩精止遗。

【应用】

1. 用于食积腹满、呕吐反胃、小儿疳积。可单用研末或配伍应用。

2. 用于遗尿、遗精。可单用或配伍应用。

【用法】炖、蒸、焖、煨、煮、熬、研末。

【用量】3～10 g。

【注意】脾虚无积者慎服。

荞麦

【来源】为蓼科植物荞麦的成熟种子。

【性能】味甘,性凉。入脾、胃、大肠经。

【功效】健脾消积,下气宽肠。

【应用】用于肠胃积滞,慢性泄泻。可单用,或配伍萝卜应用。

【用法】蒸、煮、熬。

【注意】脾胃虚寒者不宜食用。

萝卜

【来源】为十字花科植物莱菔的根。

【性能】味甘,性凉;熟者味甘、性平。入肺、胃经。

【功效】消食化积,下气宽中,清热化痰,散瘀止血。

【应用】

1. 用于食积不消,脘腹胀满。可单用。

2. 用于肺热痰稠,咳嗽。可单用生品切片或绞汁,加白糖服食。

3. 用于热病口渴,或消渴口干。可单用生品绞汁服。

4. 用于衄血、咳血、便血。可用生品绞汁,加蜂蜜调服。

【用法】炖、烧、煮、炒、凉拌、腌制、生食。

【注意】脾胃虚寒者不宜生食。

六、祛湿类药食

祛湿类药食是指以调节体内水液代谢，促进水湿排出，治疗水湿证候为主要作用的药物和食物。

（一）利水渗湿类药食

凡能通利水道，渗泄水湿，治疗水湿内停的药物和食物，称为利水渗湿类药食。本类药食通过增加尿量，通畅小便，将体内蓄积的水湿从小便排出。适用于小便不利、水肿、淋证、黄疸、湿疮、泄泻、带下、湿温、湿痹等水湿所致的各种病证。

利水渗湿类药食使用不当，易耗伤阴液，阴亏津少、肾虚遗精遗尿者慎用或忌用。

茯苓

【来源】为多孔菌科真菌茯苓的菌核。

【性能】味甘、淡，性平。入心、脾、肺、肾经。

【功效】利水渗湿，健脾和胃，宁心安神。

【应用】

1. 用于小便不利、水肿。可单用或配伍应用。

2. 用于脾胃虚弱、饮食不佳、大便溏泻。可配伍山药、人参等同用。

3. 用于各种失眠。可配伍粳米应用。

【用法】泡、炖、蒸、焖、煨、煮、熬。

【用量】10～15g。

【注意】虚寒滑精、气虚下陷者忌服。

薏苡仁

【来源】为禾本科植物薏苡的种仁。

【性能】味甘、淡，性凉。入脾、肺、肾经。

【功效】利水渗湿，健脾除痹，清热排脓。

【应用】

1. 用于脾虚泄泻、小便不利、水肿、淋浊以及湿痹筋脉拘挛。可配伍冬瓜等同用。

2. 用于肺痈、肠痈。可单用或配伍赤小豆等同用。

【用法】泡、炖、蒸、焖、煨、煮、熬。

【用量】10～30 g。

【注意】脾虚无湿，大便燥结及孕妇慎服。

赤小豆

【来源】为豆科植物赤小豆或赤豆的种子。

【性能】味甘、酸，性平。入心、小肠经。

【功效】利水消肿，解毒排脓。

【应用】

1. 用于脾虚水肿、脚气、小便不利，或泄泻。可单用或配伍冬瓜、鲤鱼等同用。

2. 用于肠痈。可配伍蒲公英、薏苡仁、甘草应用。

【用法】炖、煨、煮、熬。

【用量】10～30 g。

【注意】瘦人津枯者不宜。

鲤鱼

【来源】为鲤科动物鲤鱼的肉。

【性能】味甘,性平。入脾、肾经。

【功效】健脾和胃,利水下气,通乳。

【应用】

1. 用于脾虚水肿,脚气,小便不利。可与赤小豆配伍。

2. 用于产后乳汁不足。可单用或与番木瓜配伍。

【用法】炖、蒸、焖、烧、煮。

【注意】风热者慎服。

鲫鱼

【来源】为鲤科动物鲫鱼的肉。

【性能】味甘,性平。入脾、胃、大肠经。

【功效】健脾利湿。

【应用】用于脾虚水肿,小便不利。可配伍砂仁、甘草应用。

【用法】炖、蒸、焖、烧、煮、炸。

冬瓜

【来源】为葫芦科植物冬瓜的果实。

【性能】味甘、淡，性微寒。入肺、大肠、小肠、膀胱经。

【功效】利尿，清热，化痰，生津，解毒。

【应用】

1. 用于水肿、小便不利，或肥胖病。可单用，或与鲤鱼、赤小豆配伍。

2. 用于痰热喘咳。可配伍冰糖应用。

3. 用于热病烦渴或消渴。可单用绞汁服。

【用法】炖、烧、煮、炒。

【注意】虚寒肾冷、久病滑泄者不宜。

荠菜

【来源】为十字花科植物荠菜的全草。

【性能】味甘，性凉。入肝、胃经。

【功效】清热利水，凉血止血。

【应用】

1. 用于水肿、泄泻、痢疾、淋证。可单用或配伍豆腐、芦笋等同用。

2. 用于血热出血，吐血、咯血、咳血、尿血等。可单用或配伍藕等同用。

【用法】煮、炒、凉拌。

（二）芳香化湿类药食

凡气味芳香、性偏湿燥，能化湿运脾，治疗湿浊中阻证候的药物和食物，称为芳香化湿类药食。

中医认为，脾恶湿，若湿浊内阻中焦致脾胃湿困，则脾胃运化水谷功能失常，出现脘腹痞满、呕吐泛酸、大便溏薄、食少体倦、舌苔白腻等症。芳香之品能醒脾，湿燥之物可燥湿，故本类药食可用于上述症状。

芳香化湿类药食性偏湿燥，易伤阴液，阴虚者不宜选择。另外，芳香化湿类药食常用作辛香调味品，使用时量不宜大。因其芳香，含挥发油，不宜久烹，以免降低功效。

砂仁

【来源】为姜科植物阳春砂或缩砂的成熟果实或种子。

【性能】味辛，性温。入脾、胃经。

【功效】化湿行气，温中安胎，止呕止泻。

【应用】

1. 用于脾胃虚弱、饮食不振、妊娠呕吐、胎动不安。可与猪肚配伍应用。

2. 用于虚寒泄泻。可配伍干姜、猪肾同用。

【用法】泡、炖、蒸、焖、煨、煮、熬。

【用量】3～6 g。

【注意】阴虚有热者禁服。

草果

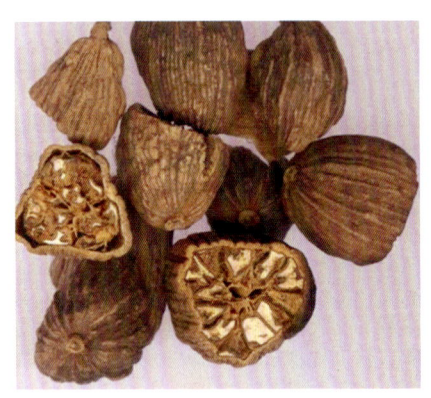

【来源】为姜科植物草果的成熟果实。

【性能】味辛,性温。入脾、胃经。

【功效】燥湿散寒,消食化积,除痰截疟。

【应用】

1. 用于寒湿阻滞中焦、脘腹胀痛、呕吐泄泻。多作调味品配伍应用。

2. 用于疟疾。可配伍应用。

【用法】泡、炖、蒸、焖、煨、煮、熬。

【用量】3～6 g。

【注意】气虚或血亏,无寒湿实邪者忌服。

白豆蔻

【来源】为姜科植物白豆蔻的果实。

【性能】味辛,性温。入脾、胃、肺经。

【功效】化湿行气,温中止呕,开胃消食。

【应用】

1. 用于湿浊中阻、胸闷腹胀、脘腹冷痛、食欲不振。可配伍作调味品使用。

2. 用于脾胃虚弱、呕吐反胃及妊娠呕吐。可单用研末或配伍生姜、砂仁等同用。

【用法】泡、炖、蒸、焖、煨、煮、熬。

【用量】3～6 g。

【注意】阴虚血燥者禁服。

藿香

【来源】为唇形科植物藿香的地上部分。

【性能】味辛，性微温。入脾、胃、肺经。

【功效】祛暑解表，化湿和胃。

【应用】

1. 用于暑天外感、恶寒发热、恶心呕吐、不思饮食。可配伍粳米应用。

2. 用于脾胃不健、食后腹胀。可配伍应用。

【用法】泡、煮、熬、生食。

【用量】6~10 g。

【注意】阴虚火旺者禁服。

（三）祛风除湿类药食

以祛除风湿，解除痹痛，治疗风湿痹证为主要作用的药物和食物，称为祛风除湿类药食。

本类药食能祛风散寒除湿，适用于风寒湿导致的肌肉、经络、筋骨、关节等处的疼痛、麻木和关节肿大、筋脉拘挛、伸屈不利等证。有的兼有舒筋、通络、止痛及强壮筋骨的作用。

本类药食性多湿燥，易耗损阴血，阴虚血亏者慎用。

五加皮

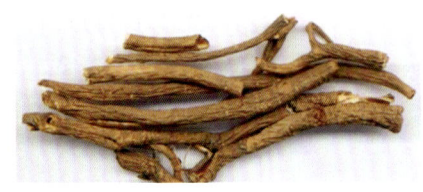

【来源】为五加科植物细柱五加和同属多种植物的根皮。

【性能】味辛、苦、微甘,性温。入肝、肾经。

【功效】祛风除湿,强筋健骨,活血去瘀。

【应用】
1. 用于风寒湿痹、四肢拘挛、下肢痿弱。可单用泡酒服。
2. 用于小儿行迟。可配伍应用。

【用法】泡、炖、蒸、焖、煨、煮、熬。

【用量】5～10 g。

【注意】阴虚火旺者慎服。

木瓜

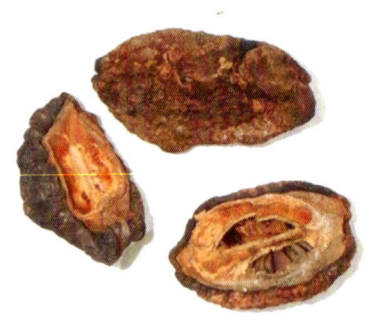

【来源】为蔷薇科植物贴梗海棠的果实。

【性能】味酸,性温。入肝、脾经。

【功效】舒筋活络,化湿和中。

【应用】
1. 用于风湿痹痛、筋脉拘挛、腰膝酸痛、脚气湿痹。可单用泡酒服。
2. 用于恶心呕吐、吐泻转筋。可单用。

【用法】泡、炖、蒸、焖、煨、煮、熬。

【用量】5～10 g。

【注意】胃酸过多者不宜用。

七、清热类药食

以清泄里热，治疗里热证候为主要作用的药物和食物，称为清热类药食。

清热类药食性多寒凉，具有清热泻火、燥湿、凉血、解毒、清虚热等功用，可用于外感热病、高热烦渴，湿热泄痢，温毒发斑，痈肿疮毒及阴虚发热等证候。

本类药食多属寒凉，易伤脾胃阳气，影响运化，脾胃虚弱、寒性体质者及妇女产后不宜应用。

生地黄

【来源】为玄参科植物地黄的新鲜或干燥块根。

【性能】味甘、苦，性寒。入心、肝、肾经。

【功效】清热凉血，养阴生津。

【应用】

1. 用于热盛伤阴、口燥咽干、咽食困难、反胃呕逆。可配伍麦门冬、藕等同用。

2. 用于吐血、衄血、咳血、便血等。可配伍应用。

【用法】泡、炖、蒸、焖、煨、煮、熬。

【用量】10～15 g。

【注意】脾虚湿滞、腹满便溏者不宜使用。

金银花

【来源】为忍冬科植物忍冬的花蕾。

【性能】味甘，性寒。入肺、胃经。

【功效】清热解毒，消痈散肿，凉血止痢。

【应用】

1. 用于温病初起见发热恶寒、咳嗽、咽喉肿痛等。可配伍粳米应用。

2. 用于疮肿、肺痈、肠痈等。可配伍甘草应用。

3. 用于热毒泻痢、下痢脓血。可单用煮汤代茶。

【用法】泡、煮、熬。

【用量】10～15 g。

【注意】脾胃虚寒及疮疡属阴证者慎服。

鱼腥草

【来源】为三白草科植物蕺菜的全草。

【性能】味辛，性微寒。入肝、肺经。

【功效】清热解毒，消痈排脓，利水通淋。

【应用】

1. 用于热淋、白浊、白带，或痰热壅肺，胸痛喘咳，痰黄稠粘等。可单用煎汁。

2. 用于肺痈吐脓、吐血。可配伍天花粉、侧柏叶等同用。

【用法】炖、烧、煮、熬、凉拌、生食。

【用量】12～25 g。

【注意】虚寒证者慎服。

马齿苋

【来源】为马齿苋科植物马齿苋的全草。
【性能】味酸,性寒。入大肠、肝、脾经。
【功效】清热解毒,凉血止痢,利湿通淋。
【应用】用于湿热泻痢、下痢脓血、里急后重,或热淋、血淋。可单用绞汁饮或配伍应用。
【用法】泡、煮、熬、凉拌、生食。
【用量】10～15 g。
【注意】脾胃虚寒、肠滑作泻者不宜。

蚌

【来源】为蚌科动物褶纹冠蚌、三角帆蚌等蚌类的肉。
【性能】味甘、咸,性寒。入肝、肾经。
【功效】清热,滋阴,明目,解毒。
【应用】用于消渴烦热、血崩、带下、痔血,以及目赤火眼等。可单用煮食或配伍应用。
【用法】炖、蒸、烧、炒、煮。
【注意】脾胃虚寒者慎服。

西瓜

【来源】为葫芦科植物西瓜的果瓤。

【性能】味甘，性寒。入胃、心、膀胱经。

【功效】清热解暑，除烦止渴，利小便。

【应用】用于暑热或温热病、热盛伤津、心烦口渴、口舌生疮、小便短赤。可单用绞汁饮。

【用法】炒、生食。

【注意】中寒湿盛者不宜。

绿豆

【来源】为豆科植物绿豆的种子。

【性能】味甘，性凉。入心、胃经。

【功效】清热，解暑，利水，解毒。

【应用】

1. 用于热病或暑热所致的心烦口渴。可单用煮汤冷食，或配伍金银花、竹叶应用。

2. 用于热淋、小便不利、水肿。可配伍赤小豆、薏苡仁同用。

3. 用于服巴豆、附子等热药引起的中毒或不良反应。可单用或与甘草配伍。

【用法】炖、煮。

八、化痰止咳类药食

凡能祛痰或消痰，以治疗痰证为主要作用的药物和食物，称为化痰药食。能减轻或制止咳嗽和喘息的药物和食物，称止咳平喘药食。化痰类药食大多能用于止咳平喘，止咳平喘类药食多兼化痰作用，故又合称化痰止咳平喘类药食。

川贝母

【来源】为百合科植物暗紫贝母、卷叶贝母、棱砂贝母、甘肃贝母、康定贝母等的鳞茎。

【性能】味苦、甘，性微寒。入肺、心经。

【功效】清热化痰，润肺止咳，散结消肿。

【应用】

1. 用于肺阴不足，咳嗽、咯血，老年热咳。可配伍雪梨、猪肺、冰糖应用。

2. 用于小儿咳嗽不止，痰鸣夜重。可配伍杏仁应用。

【用法】泡、炖、蒸、焖、煨、煮、熬。

【用量】3～10 g。

【注意】脾胃虚寒及寒痰、湿痰者慎服。

杏仁

【来源】为蔷薇科植物杏或山杏等的干燥种子。

【性能】味苦，性温。有小毒。入肺、大肠经。

【功效】止咳平喘，润肠通便。

【应用】

1. 用于久病体虚、肺痿咳嗽、吐痰粘白、精神疲乏、形体消瘦、心悸气喘。可配伍羊肺、柿霜、绿豆、蜂蜜等应用。

2. 用于肠燥便秘。可配伍蜂蜜应用。

【用法】泡、炖、蒸、焖、煨、煮、熬。

【用量】3～10 g。

【注意】有小毒，用量不宜过大；婴儿慎用。

罗汉果

【来源】为葫芦科植物罗汉果的果实。

【性能】味甘，性凉。入肺、脾经。

【功效】润肺止咳，清肺润肠。

【应用】

1. 用于痰火咳嗽。可单用或配伍猪肉应用。

2. 用于肠燥便秘。可单用。

【用法】泡、炖、蒸、焖、煨、煮、熬。

【用量】10～20 g。

白果

【来源】为银杏科植物银杏的种子。

【性能】味甘、微苦、涩,性平。有小毒。归肺、肾经。

【功效】敛肺平喘,止带缩尿。

【应用】

1. 用于肺虚喘咳、哮喘痰多。可单用,或与生姜、苏子、橘皮配伍同用。
2. 用于脾虚或脾肾两虚、带下、白浊、腹泻。可配伍莲子、芡实同用。
3. 用于肾气不固、小便频数或遗尿。可配伍益智仁、羊肉同用。

【用法】泡、炖、蒸、焖、煨、煮、熬。

【用量】3~9 g。

【注意】不可生食。生食、熟食过多均易引起中毒。中毒时可出现头痛、发热、惊厥、烦躁、呕吐、呼吸困难等症状。

猪肺

【来源】为猪科动物猪的肺。

【性能】味甘,性平。入肺经。

【功效】补肺止咳。

【应用】用于肺虚久咳、咯血等。可配伍薏苡仁等同用。

【用法】炖、蒸、焖、烧、煮、凉拌。

梨

【来源】为蔷薇科植物白梨、沙梨、秋子梨等的果实。

【性能】味甘、微酸,性凉。入肺、胃经。

【功效】清热生津,润燥化痰。

【应用】

1. 用于热病伤津、心烦口渴。可配伍荸荠、藕、麦门冬等应用。

2. 用于肺热或痰热咳嗽。可单用取汁熬膏,或配伍川贝母应用。

【用法】蒸、煮、熬、生食。

【注意】脾胃虚寒、便溏腹泻和咳嗽无热者不宜。

枇杷

【来源】为蔷薇科植物枇杷的果实。

【性能】味甘、酸,性凉。入肺、肝经。

【功效】润肺止咳,生津止渴,和胃降逆。

【应用】

1. 用于阴虚肺燥,咳嗽、咯血。可配伍蜂蜜应用。

2. 用于胃阴不足、口渴咽干、干呕少食。可配伍应用。

【用法】煮、熬、生食。

【注意】脾虚腹泻者不宜。

九、解表类药食

能发散宣透，疏解表邪，解除表证为主要作用的药物和食物，称为解表类药食。

本类药食辛散轻扬，偏行肌表，能促进机体发汗，使病邪外散或从汗解以治疗表证。部分药食还兼有利尿退肿、止咳平喘、透疹、止痛等作用。解表类药食主要用于恶寒、发热、头身痛、无汗或汗出不畅、脉浮之外感表证。

解表类药食据其药性不同，又可进一步分为辛温解表类药食和辛凉解表类药食。

解表类药食多为辛散之品，不宜久烹，以免影响效用。

（一）辛温解表类药食

辛温解表类药食多属辛温，以发散风寒为主要作用，用于风寒感冒。此外，有的还可用于痹证、喘咳和水肿等。

本类药食大多有较强的发汗作用，体虚者慎用。

紫苏叶

【来源】为唇形科植物紫苏和野紫苏的叶或带叶小软枝。

【性能】味辛，性温。入肺、脾、胃经。

【功效】散寒解表，宣肺化痰，行气和中，安胎，解鱼蟹毒。

【应用】

1. 用于风寒感冒，恶寒发热、咳嗽、气喘、胸腹胀满等。可单用。

2. 用于鱼蟹中毒引起的吐泻、腹痛等。可配伍生姜应用。

【用法】泡、炖、蒸、焖、煨、煮、熬。

【用量】5～10 g。

【注意】阴虚、气虚及温病患者慎服。

生姜

【来源】为姜科植物姜的新鲜根茎。

【性能】味辛,性温。入肺、脾、胃经。

【功效】发表散寒,温中止呕,温肺止咳。

【应用】

1. 用于风寒感冒、恶寒发热、头痛鼻塞等。可单用或配伍紫苏叶、红糖、葱白应用。

2. 用于胃寒呕吐。可单用捣汁服,或配伍紫苏叶应用。

【用法】泡、炖、蒸、焖、煨、煮、熬、炒、生食。

【用量】3～10 g。

【注意】阴虚内热者忌服。

葱白

【来源】为百合科植物葱的鳞茎。

【性能】味辛,性温。入肺、胃经。

【功效】发汗解表,通阳散寒,驱虫,解毒。

【应用】

1. 用于外感风寒、恶寒发热、头痛无汗。可配伍淡豆豉同用。

2. 用于虫积(蛔虫)腹痛。可配伍芝麻油同用。

【用法】炖、蒸、焖、煨、煮、炒、生食。

【注意】体虚自汗者不宜。

芫荽

【来源】为伞形科植物芫荽的全草。

【性能】味辛,性温。入肺、胃经。

【功效】发表透疹,消食开胃。

【应用】

1. 用于麻疹初起、疹出不畅,或风寒感冒、发热无汗。可单用煮汤食或配伍应用。

2. 用于食滞胃痛、脘腹痞满。可单用。

【用法】煮、熬、生食。

(二)辛凉解表类药食

辛凉解表类药食多属辛凉,能发散风热,用于风热感冒。部分药食还可用于目赤多泪、咽喉肿痛、风热咳嗽和麻疹不透等。

菊花

【来源】为菊科植物菊的头状花序。

【性能】味辛、甘、苦,性微寒。入肺、肝经。

【功效】疏散风热,平肝明目,清热解毒。

【应用】

1. 用于风热感冒,或温病初起、发热头痛。可配伍桑叶等同用。

2. 用于肝阳上亢之头痛、眩晕。可单用泡茶饮。

【用法】泡、煮、熬、生食。

【用量】10~15 g。

【注意】气虚胃寒、食少泄泻者慎服。

薄荷

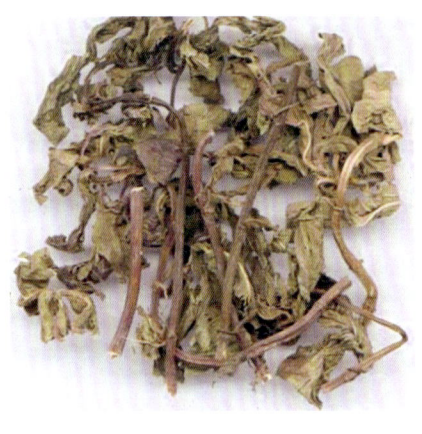

【来源】为唇形科植物薄荷的全草或叶。
【性能】味辛，性凉。入肺、肝经。
【功效】疏散风热，清利头目，利咽透疹。
【应用】
1. 用于外感风热，头痛发热、目赤、咽喉肿痛，以及夏季风热感冒等。可配伍粳米、冰糖应用。
2. 用于麻疹初起、疹出不畅以及风疹瘙痒。可配伍荆芥等同用。
【用法】泡、煮、熬、生食。
【用量】3～6 g。
【注意】表虚汗多者禁服。

葛根

【来源】为豆科植物野葛或甘葛藤的块根。
【性能】味甘、辛，性平。入脾、胃、肺经。
【功效】解肌退热，发表透疹，生津止渴，升阳止泻。
【应用】
1. 用于感冒发热、头痛项强。可配伍应用。
2. 用于泄泻下痢。可配伍应用。
【用法】泡、炖、蒸、煮、熬。
【用量】10～15 g。

十、收涩类药食

以收敛固涩，增强固摄功能，治疗体虚滑脱病证为主要作用的药物和食物，称为收涩类药食。

本类药食大多酸涩，分别具有敛汗、止泻、缩尿、固精、止带、止嗽等作用，用于久病体虚、正气不固所致的盗汗、自汗、久泻、久痢、遗尿、遗精、滑精、久咳虚喘及崩漏等证候。

收涩类药食性涩敛邪，故凡表邪未解、湿热所致的泻痢、带下及郁热未清者不宜应用。

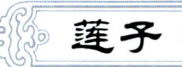

莲子

【来源】为睡莲科植物莲的成熟种子。

【性能】味甘、涩，性平。入脾、肾、心经。

【功效】补脾止泻，益肾固精，养心安神。

【应用】

1. 用于脾胃虚弱，少食腹泻，或泻痢日久，不能食。可单用本品研末服，或配伍芡实等应用。

2. 用于脾虚带下、小便白浊、肾虚遗精。可用本品同芡实、金樱子配伍。

3. 用于心失所养，虚烦不眠。可配伍百合、麦门冬同用。

【用法】炖、蒸、焖、煨、煮、熬、生食。

【用量】6～15 g。

【注意】大便燥结者不宜。

芡实

【来源】为睡莲科植物芡的成熟种仁。

【性能】味甘、涩,性平。入脾、肾经。

【功效】补脾止泻,益肾固精。

【应用】

1. 用于脾虚泄泻。可配伍莲子、山药等同用。

2. 用于肾虚遗精、遗尿、带下等。可配伍莲子、白果同用。

【用法】炖、蒸、焖、煨、煮、熬。

【用量】10～15 g。

【注意】腹胀便秘者不宜。

乌梅

【来源】为蔷薇科植物梅的干燥近成熟果实。

【性能】味酸,性温。入肝、脾、肺、大肠经。

【功效】敛肺,涩肠,生津,安蛔。

【应用】

1. 用于肺虚久咳。可配伍蜂蜜等同用。

2. 用于久痢不止。可单用。

【用法】泡、炖、蒸、煮、熬。

【用量】6～12 g。

【注意】有实邪者忌服,胃酸过多者慎服。

十一、其他

其他包括安神类、平肝息风类药食。

安神类药食指具有安定神志作用的药物和食物。主要用于心气虚、心血虚、心火盛以及其他病因所致的心神不宁、惊悸怔忡、失眠、多梦、健忘及惊风、癫痫、癫狂等病症。

平肝息风类药食指以平肝息风、潜阳镇静，治疗肝风内动或肝阳上亢为主要作用的药物和食物。主要用于肝风内动、抽搐惊痫和肝阳上亢、头晕目眩等病症。

灵芝

【来源】为多孔菌科真菌灵芝或紫芝的干燥子实体。

【性能】味甘，性平。入肺、心、脾经。

【功效】养心安神，补气益血，止咳平喘。

【应用】

1. 用于失眠、咳嗽气喘。可单用浸酒。
2. 用于脾胃气虚、食欲不振、反胃腹泻。可配伍鸡肉同用。

【用法】泡、炖、蒸、焖、煨、煮、熬。

【用量】10～15 g。

【注意】实证慎服。

天麻

【来源】为兰科植物天麻的根茎。

【性能】味甘,性平。入肝经。

【功效】息风止痉,平肝潜阳,祛风通络。

【应用】

1. 用于肝风内动、惊痫抽搐。可配伍应用。

2. 用于肝阳上亢、眩晕头痛。可配伍猪脑或鱼头等同用。

【用法】泡、炖、蒸、焖、煨、煮、熬。

【用量】3～10 g。

旱芹

【来源】为伞形科植物旱芹的带根全草。

【性能】味甘、辛、微苦,性凉。入肝、胃、肺经。

【功效】平肝清热,祛风利湿。

【应用】

1. 用于肝阳上亢、眩晕。可单用或配伍应用。

2. 用于风湿痹痛。可单用或配伍应用。

【用法】煮、熬、炒、生食。

第二章

品种实例
PINZHONG SHILI

开胃鳝丝荞面
KAIWEI SHANSI QIAOMIAN

一、实验目的
1. 掌握鸡内金的食疗功效和加工、烹制方法。
2. 掌握凉菜酸辣味的调制方法。

二、实验标准
色泽红亮，酸辣适口，鳝丝细嫩，荞面劲道滑爽。

三、实验原料

食材：荞面100 g、鳝鱼片50 g、香菜5 g、绿豆芽100 g、红小米辣10 g、酥花生米50 g、鲜汤50 g。

药材：鸡内金10 g。

调料：老姜5 g、大葱10 g、香葱5 g、大蒜5 g、精盐5 g、辣椒油20 g、白糖3 g、醋15 g、料酒5 g、酱油5 g、芥末油5 g、味精2 g、香油5 g。

四、操作步骤
1. 刀工处理：将鳝片洗净后，切成二粗丝；酥花生米去皮后拍破，剁成黄豆粒大小即可；鸡内金烘烤后，研磨成粉末；红小米辣切成粒；香菜切成3 cm长的节；香葱切成葱花；大蒜剁成蒜米；老姜切成姜片；大葱切成葱段。
2. 初步熟处理：将荞面加入沸水中煮熟后，迅速放入凉开水中过凉后捞出备用；绿豆芽放入沸水中焯水至断生备用；锅内掺水，加入老姜片、大葱段和料酒，水沸腾后加入鳝丝焯水至刚熟，捞出晾凉备用。
3. 装盘：取一窝盘，将绿豆芽垫底，加入荞面，再将煮熟的鳝丝放在最上面，装盘盛满即可。
4. 调味，淋味汁：调味碗中加入精盐、白糖、味精，倒入醋、酱油和鲜汤将其稀释融化，加入芥末油、辣椒油和香油，再加入小米辣粒、蒜米和葱花搅拌均匀，浇淋在装好盘的菜肴上，然后撒酥花生米粒和鸡内金粉，最后用香菜节点缀即可。

五、操作关键
1. 初步熟处理：鳝丝煮制时间不宜太久，否则拌制时容易碎烂，断生即可。
2. 控制好煮制荞面的火候和时间，做到旺火沸水，水宽，控制好荞面的软硬度。
3. 控制好调制酸辣味的各种调味品的比例。

六、品种拓展
1. 在味型上可改为红油味或蒜泥味。
2. 食材可将鳝丝改为鸡丝、肚丝、猪腰丝。

---- 操作步骤 ----

开胃鳝丝荞面以荞面、鳝鱼和鸡内金为食疗主材，是将鳝丝荞面改良而成的食疗菜品，具有开胃健脾、消食宽肠的功效，尤其适宜于脾运不健、饮食积滞、排便不畅者食用。

开胃鳝丝荞面

色泽红亮，酸辣适口，鳝丝细嫩，荞面劲道滑爽。

芪香剁椒毛肚

QIXIANG DUOJIAO MAODU

一、实验目的
1. 掌握黄芪的食疗功效和加工、烹制方法。
2. 掌握该菜肴的调味方法。

二、实验标准
毛肚脆嫩，咸鲜麻辣，略带芪香味。

三、实验原料

食材：千层肚150 g、绿豆芽100 g、红小米辣粒15 g。

药材：黄芪6 g。

调料：精盐5 g、酱油5 g、白糖2 g、味精2 g、香葱10 g、香油10 g、藤椒油6 g、鲜汤20 g。

四、操作步骤
1. 初加工：将千层肚洗净除去碱味。
2. 初步熟处理：绿豆芽入沸水中焯水至断生备用；将千层肚入沸水中焯水至刚熟，捞出沥干水分备用。
3. 装盘：取一凉菜盘，豆芽垫底，千层肚盖在上面即可。
4. 煎药汁：将黄芪盛入砂罐中煎20分钟，取药汁备用。
5. 调味：取一调味碗，加入精盐、白糖、味精、酱油，加入药汁和鲜汤稀释，加入小米辣、藤椒油、香油，拌匀，然后淋入菜肴，最后撒葱花点缀即可。

五、操作关键
1. 千层肚在烹制前一定用清水反复冲洗，除去碱味。
2. 控制好烫制毛肚的火候和时间，不宜久烫，否则绵老。

六、品种拓展
1. 该菜品调味时使用的辣椒，可根据顾客的口味而定，辣味清淡可选用牛角椒，辣味浓郁可选用小米辣。
2. 主料可改为，如肚丝、鸡丝、鱿鱼丝等。

芪香剁椒毛肚以黄芪为食疗主材，在川菜——剁椒毛肚的基础上改良而成，具有补中益气、健脾养胃的功效，尤其适用于有脾胃不足、气少懒言、食少便溏等症者食用。

凉菜类　芪香剁椒毛肚

芪香剁椒毛肚

毛肚脆嫩，咸鲜麻辣，略带黄芪的芪香味。

香柠芦荟
XIANGNING LUHUI

一、实验目的
1. 掌握芦荟的初加工处理方法。
2. 掌握芦荟焯水的火候。

二、实验标准
色泽橙黄美观，芦荟鲜嫩可口，味甜酸清爽。

三、实验原料

食材：芦荟300 g、柠檬100 g、蜂蜜50 g、鲜橙150 g。

调料：精盐2 g。

四、操作步骤
1. 初加工：将芦荟去皮，将鲜橙和柠檬分别榨汁，取汁备用。
2. 刀工处理及熟处理：将芦荟切成8 cm长的条，然后投入沸水中焯水，沥水备用。
3. 调味：将精盐、柠檬汁、鲜橙汁、蜂蜜搅匀，调制成甜酸味汁。
4. 装盘成菜：将焯水后的芦荟浸渍在调味汁中，放置在冰箱中冰镇30分钟，取出装盘即可。

五、操作关键
1. 芦荟需选择肉质厚、叶片肥大的库拉索芦荟或洋芦荟，烹制前要去净外皮。
2. 控制好芦荟焯水时间，沸水焯水断生即可，不宜太久。

六、品种拓展
该菜品属于甜酸味感，可改蜂蜜为白糖或冰糖。

操作步骤

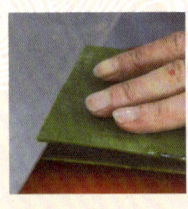
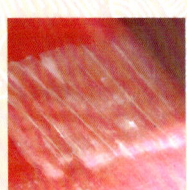

香柠芦荟以柠檬、芦荟、蜂蜜为食疗主材,是一道甜酸味时尚保健凉菜,有理气养颜、缓泻清肠的功效,尤其适用于大便不畅、口气不清、面生痤疮等症者食用。

香柠芦荟

色泽橙黄美观,芦荟鲜嫩可口,味甜酸清爽。

第二章 品种实例

凉菜类

香柠芦荟

香砂双椒牛肉

XIANGSHA SHUANGJIAO NIUROU

一、实验目的
1. 掌握砂仁的食疗功效和加工、烹制方法。
2. 掌握牛肉卤制前的腌制方法技巧。

二、实验标准
牛肉酥软，鲜椒香辣。

三、实验原料

食材：净牛肉200 g，青红小米辣各10 g。
药材：砂仁6 g。
调料：老姜5 g，大葱节10 g，精盐5 g，料酒10 g，味精2 g，酱油5 g，香油10 g，红卤汁1 000 g。

四、操作步骤
1. 煎药汁：将砂仁放入药罐中煎取药汁。
2. 腌制：先将老姜切成片，将牛肉用精盐、老姜片、料酒、大葱节码味腌制。
3. 初步熟处理：将腌制好的牛肉，入水锅中焯水，除去血水和异味。
4. 卤制：将焯水后的牛肉放入卤汁中卤制，直至牛肉软熟，捞出晾凉备用。
5. 刀工：将卤制好的牛肉横筋切成薄片，摆放整齐装盘成菜。将青红小米辣切成粒备用。
6. 调味：取10 g药汁和50 g卤汁，加入双椒粒、精盐、味精、香油，搅匀后，盛入调味碟，配置在菜肴旁即可。

五、操作关键
1. 牛肉在卤制之前一定要腌制，便于其入味，但要控制好基础味，不能太咸。
2. 牛肉卤制一定达到软熟，否则肌肉纤维没有酥烂，难以咀嚼。
3. 双椒粒在调味前最好用少量精盐渍一下，便于其香辣味浸泡出来。

六、品种拓展
1. 味型可根据顾客的口味需求进行变化。
2. 原料可增加两种甚至更多品种，改名为香砂双椒卤拼。

操作步骤

 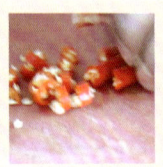  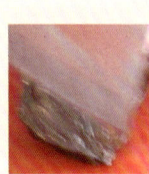  

香砂双椒牛肉以砂仁为食疗主材,是一道卤制的食疗凉菜,具有化湿行气、温中开胃的功效,尤其适于脾胃湿滞、口淡无味、腹胀纳差者食用。

第二章 品种实例

凉菜类

香砂双椒牛肉

香砂双椒牛肉
牛肉酥软,鲜椒香辣。

淮山干锅牛蛙

HUAISHAN GANGUO NIUWA

一、实验目的

1. 掌握淮山药的食疗功效和加工、烹制方法。
2. 掌握该菜肴的烹制方法和技巧。

二、实验标准

色泽红亮,牛蛙细嫩,咸鲜麻辣。

三、实验原料

食材:牛蛙500 g、洋葱100 g、青椒100 g、红椒100 g。

药材:淮山药10 g。

调料:老姜10 g、大蒜15 g、大葱20 g、胡椒粉3 g、精盐6 g、料酒10 g、味精2 g、老油150 g、郫县豆瓣20 g、酱油6 g、淀粉10 g、藤椒油10 g、食用油脂1 000 g(实际用油20 g)。

四、操作步骤

1. 初加工:将牛蛙宰杀,剥去外皮,去内脏,清洗干净。

2. 刀工处理:将牛蛙斩成小块,洋葱切成小块,青红椒切成菱形块,老姜、大蒜切成指甲片,大葱切成马耳朵葱。

3. 煎药汁:将淮山药切成薄片,煎成药汁。

4. 初步熟处理:在牛蛙中加入药汁,码味上浆,然后放入150 ℃油锅中过油。

5. 烹制:炒锅中加入食用油脂,烧热后加入郫县豆瓣,小火煵炒,然后加入牛蛙炒制,加入姜蒜片、大葱略炒,加入洋葱、青红椒,加入调味荥汁,加入藤椒油和老油,最后装入干锅中成菜。

五、操作关键

1. 牛蛙宰杀后,一定码味,以除去异味。
2. 牛蛙过油时,时间不宜太久,否则肉质会变老。
3. 为了缩短烹制时间,青红椒可先过油断生。

六、品种拓展

1. 此菜肴主料可改为仔公鸡、兔等。
2. 配料可增加西芹、香菇等。

操作步骤

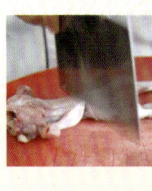  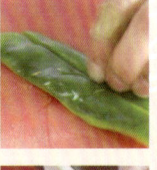 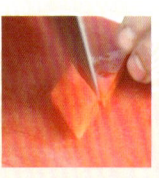 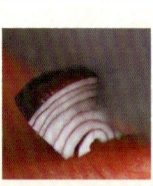

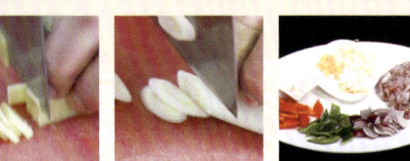  

淮山干锅牛蛙以淮山药为食疗主材，是采用川菜干锅的烹调方式制作的一道食疗菜肴，具有补脾益肾的食疗功效。此药膳性味温和，适应面广，脾胃虚弱、肾精不足者尤宜。

淮山干锅牛蛙

色泽红亮，牛蛙细嫩，咸鲜麻辣。

芦荟鳕鱼羹

LUHUI XUEYU GENG

一、实验目的
1. 掌握芦荟的初加工方法。
2. 掌握羹汤类菜肴的烹制方法和技巧。

二、实验标准
汤色清澈，鱼肉细嫩，咸鲜清淡。

三、实验原料

食材：鳕鱼150 g、芦荟100 g、火腿肠60 g、西米50 g、鸡蛋1个。

药材：枸杞10 g。

调料：老姜10 g、大蒜15 g、香葱10 g、胡椒粉3 g、精盐4 g、料酒5 g、鸡精2 g、淀粉10 g、食用油脂10 g。

四、实验步骤

1. 刀工处理：将芦荟去皮，切成1 cm见方的颗粒，鳕鱼切成0.5 cm见方的颗粒备用，火腿肠切成0.5 cm见方的颗粒，老姜、大蒜切成米粒状，香葱切成葱花。

2. 初步熟处理：将芦荟放入沸水中焯水，枸杞用温水浸泡涨发备用；用温水泡发西米回软，再蒸熟备用。鳕鱼用精盐、料酒码味，然后裹上蛋清豆粉浆，放入4~5成热的温油中滑油备用。

3. 烹制：炒锅中加入鲜汤，沸腾后加入芦荟、鳕鱼、火腿肠粒、西米，然后调味，烧制入味后，用水淀粉勾芡，成清二流芡，加入枸杞和葱花，搅匀起锅装碗成菜。

五、操作关键

1. 芦荟焯水时，一定旺火沸水下锅焯制。西米必须事先泡发，不宜久煮。

2. 煮制羹汤时，采用中火，鳕鱼煮制时间不宜太久，否则肉质不细嫩。

3. 调味之后，用水淀粉勾芡，芡汁浓稠度为清二流芡，不宜太浓。

六、知识拓展
主料可改为虾仁、龙虾、乌鱼等水产品。

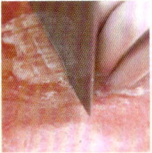
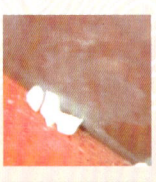

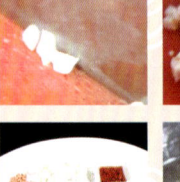

芦荟鳕鱼羹是以芦荟为食疗主材,用烩制的方式烹制而成的菜肴,具有清热通腑、排毒养颜的功效。本菜肴滋味清淡可口,老少皆宜,尤其适于平素大便燥结者食用。

芦荟鳕鱼羹

汤色清澈,鱼肉细嫩,咸鲜清淡。

第二章 品种实例

热菜类

芦荟鳕鱼羹

药膳与食疗

海龙烧甲鱼

HAILONG SHAO JIAYU

一、实验目的
1. 掌握甲鱼的食疗功效和初加工方法。
2. 掌握红烧类菜品的制作方法和烹制技巧。

二、实验标准
色泽红亮,甲鱼肉软糯,味咸鲜微辣。

三、实验原料

食材:甲鱼1只、泡灯笼椒100 g、小土豆150 g、鲜汤500 g。

药材:海龙9 g。

调料:老姜10 g、大蒜15 g、大葱节20 g、胡椒粉3 g、精盐5 g、料酒10 g、鸡精2 g、泡辣椒末10 g、酱油5 g、白糖5 g、淀粉20 g、食用油脂1 000 g(实际用油20 g)。

四、操作步骤
1. 初加工:将甲鱼宰杀,放血,锅内烧沸水,甲鱼投入烫制2分钟,捞出刮掉外表的粗皮,剁掉指甲,洗净,取甲壳,去内脏,清洗干净。土豆洗净去皮。

2. 刀工处理:将甲鱼斩成3.5 cm见方的小块,老姜、大蒜切成指甲片。

3. 过油:甲鱼码味上浆备用,锅内加入食用油脂,将甲鱼投入180 ℃的热油中过油后捞出备用。

4. 烹制:炒锅中加入食用油脂,中油温小火煵炒泡辣椒末至油脂红亮,然后加入葱节和姜蒜片、泡灯笼椒炒香,加入鲜汤和海龙,再加入甲鱼和土豆,加入精盐、酱油、胡椒粉、白糖调味,小火烧制,待甲鱼和土豆软熟,勾芡,浓汁亮油即可装盘成菜。

五、操作关键
1. 宰杀甲鱼后,斩块时,甲鱼壳保留完整,以备装盘用。
2. 烧制甲鱼时,先将汤烧沸腾,然后调成小火,慢慢烧至入味。

六、知识拓展
1. 主料可改为黄花鱼、带鱼等。
2. 配料可改为笋子、青笋头等。

操作步骤

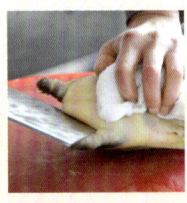 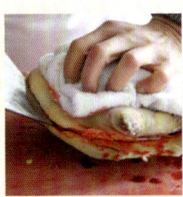 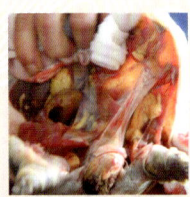 

海龙烧甲鱼以海龙、甲鱼为食疗主材，是一道具有浓郁川味的食疗热菜，具有滋阴壮阳、补肾益精的功效，适于虚损劳伤、肾精不足而见头晕耳鸣、神疲虚惫、腰膝酸软等症的人群食用。

海龙烧甲鱼

色泽红亮，甲鱼肉软糯，味咸鲜微辣。

第二章 品种实例

热菜类

海龙烧甲鱼

蔻香干烧鱼

KOUXIANG GANSHAO YU

一、实验目的

1. 掌握白豆蔻的食疗功效和加工、烹制方法。
2. 掌握草鱼的初加工方法。
3. 掌握干烧类菜肴的火候控制和烹制技巧。

二、实验标准

色泽棕红，鱼肉细嫩，肉末酥香，咸鲜醇浓。

三、实验原料

食材：草鱼1尾600 g、碎肉150 g、碎米芽菜20 g、鲜汤750 g。

药材：白豆蔻6 g。

调料：老姜7 g、大蒜15 g、大葱100 g、泡辣椒20 g、酱油5 g、胡椒粉3 g、精盐5 g、料酒10 g、鸡精2 g、醪糟汁20 g、香油5 g、食用油脂1 000 g（实际用油20 g）。

四、操作步骤

1. 刀工处理：将大葱、泡辣椒切成8 cm长，老姜、大蒜切成米粒状。
2. 初加工：鱼经过初加工之后，在鱼面两侧分别剞3～4刀一字花刀，深度以破皮为度，加入老姜片、大葱节、精盐和料酒码味。
3. 初步熟处理：炒锅烧油，加热至7成热，投入鱼炸制紧皮呈浅黄色捞出；锅内留少许油，放入碎肉，加入1 g精盐和料酒，炒成酥香肉臊，出锅备用。
4. 煎药汁：白豆蔻加入清水，小火煎20分钟，取药汁备用。
5. 烹制：炒锅中加入20 g食用油脂，放入姜蒜末、泡辣椒、大葱节，炒香之后，加入药汁、鲜汤，加入精盐、酱油、胡椒粉、醪糟汁调味，放入鱼、肉臊、芽菜，小火烧制，直至汁干亮油，加入鸡精和香油推匀，起锅装入盘中即成。

五、操作关键

1. 鱼在初加工时注意不要弄破苦胆。
2. 炸制鱼的时候，油一定要达到180 ℃高温，否则鱼肉会破皮。烧制时加入的汤汁不能太多，以刚好淹没鱼身为度，烧制时需改为小火，慢慢烧至汁干亮油。
3. 鱼肉码味时，掌握好精盐的用量，比一般菜肴用盐稍微少些，因为芽菜有一定咸度。

六、品种拓展

1. 主料可改为黄花鱼等水产品。
2. 烹调方法可改干烧为红烧。

操作步骤

 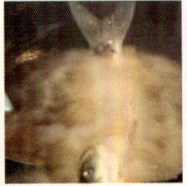   

蔻香干烧鱼以白豆蔻为食疗主材，是在传统川菜——干烧臊子鱼基础上改良而成的一道食疗热菜，具有行气化湿、温中开胃的作用，适于口淡无味、胃纳不振及气郁体质者食用。

蔻香干烧鱼

色泽棕红，鱼肉细嫩，肉末酥香，咸鲜醇浓。

第二章 品种实例

热菜类

蔻香干烧鱼

药膳与食疗

川芎泡椒耗儿鱼

CHUANXIONG PAOJIAO HAOERYU

一、实验目的
1. 掌握川芎的食疗功效和加工、烹制方法。
2. 掌握制作该菜肴的火候控制和烹制技巧。

二、实验标准
色泽红亮，鱼肉细嫩，麻辣鲜香。

三、实验原料

食材：耗儿鱼500 g、西兰花100 g、香菜20 g、鲜汤500 g。

药材：川芎10 g。

调料：老姜10 g、大蒜15 g、大葱20 g、泡辣椒50 g、胡椒粉3 g、精盐6 g、料酒10 g、味精2 g、酱油6 g、淀粉10 g、泡椒老油30 g、藤椒油10 g、食用油脂1 000 g（实际用油20 g）。

四、操作步骤

1. 初加工：将耗儿鱼去内脏，洗净。老姜、大葱、西兰花等洗净待用。

2. 刀工处理：将耗儿鱼斩成4 cm见方的块，加入老姜、大葱、精盐、料酒码味，老姜、大蒜切成指甲片，葱白切成马耳朵葱，西兰花切成两瓣备用。

3. 煎药汁：将川芎切成薄片，煎20分钟取药汁备用。

4. 初步熟处理：将耗儿鱼投入7成热的油锅中过油。西兰花在沸水中焯水备用。

5. 烹制：炒锅中加入食用油脂，加入姜片、蒜片、葱略炒，放入泡辣椒炒香，掺入200 g鲜汤和药汁，加入耗儿鱼，加入精盐、料酒、胡椒粉、酱油调味，然后加藤椒油和泡椒老油，烧制入味后，勾芡，浓汁亮油起锅装盘，最后撒上香菜即成。

五、操作关键
1. 耗儿鱼洗净后码味，以除去异味。
2. 耗儿鱼过油的时候，油温要高，时间不宜太久，紧皮为度，否则肉质变老。

六、品种拓展
主料可改为带鱼、黄花鱼等。

操作步骤

川芎泡椒耗儿鱼以川芎为食疗主材,是一道川式泡椒味的食疗菜品,具有活血行气、祛风止痛的功效,适于瘀血体质者食用。

川芎泡椒耗儿鱼

色泽红亮,鱼肉细嫩,麻辣鲜香。

杜仲双椒牛仔骨

DUZHONG SHUANGJIAO NIUZIGU

一、实验目的
1. 掌握杜仲的食疗功效和加工、烹制方法。
2. 掌握牛仔骨的腌制方法。
3. 掌握该菜肴的制作方法和技巧。

二、实验标准
牛肉细嫩，味咸鲜微辣，略带杜仲药汁味。

三、实验原料

食材：牛仔骨200 g、小青椒20 g、小红椒20 g、鲜汤500 g。

药材：杜仲10 g。

调料：老姜10 g、大蒜10 g、大葱节15 g、胡椒粉3 g、精盐5 g、白糖2 g、料酒8 g、鸡精2 g、酱油5 g、海鲜酱5 g、淀粉10 g、食用油脂1 000 g（实际用油20 g）。

四、操作步骤
1. 刀工处理：将牛仔骨切成0.5 cm厚、8 cm长的大块，小青红椒切成2 cm长的节，老姜、大蒜分别切成指甲片。
2. 煎药汁：杜仲切成片，放入清水中小火煎20分钟后取汁备用。
3. 腌制：在牛仔骨中加入精盐、鸡精、胡椒粉、酱油、海鲜酱、药汁、料酒，拌匀，腌制20分钟后，加入5 g淀粉拌匀备用。
4. 初步熟处理：锅内烧油，将牛仔骨投入中油温中过油，牛仔骨成浅黄色捞出沥油备用。
5. 调制调味汁：精盐、胡椒粉、味精、白糖、酱油、淀粉和鲜汤。
6. 烹制：锅内加入20 g食用油脂，加入姜片、蒜片炒香，加入牛仔骨煸炒，加入200 g鲜汤烧制，然后加入青红椒，最后淋入调味汁，待浓汁亮油，装盘成菜。

五、操作关键
1. 牛仔骨腌制码味的底味不宜太咸。
2. 控制好牛仔骨过油的时间和火候，炸制时间不宜太久，断生为度。
3. 调味芡汁中，水豆粉的量不宜太多。

六、品种拓展
1. 烹调方法可改为铁板，制作成铁板牛仔骨。
2. 味型可改为浇淋黑胡椒味汁。

杜仲双椒牛仔骨以杜仲为食疗主材，在黑椒牛仔骨基础上改良而成，具有补肾壮骨的功效，尤宜于肝肾不足、腰痛脚弱者食用。

第二章 品种实例

热菜类

杜仲双椒牛仔骨

杜仲双椒牛仔骨
牛肉细嫩，
味咸鲜微辣，
略带杜仲药汁味。

川贝韭香牛柳

CHUANBEI JIUXIANG NIULIU

一、实验目的

1. 掌握川贝母的食疗功效和加工、烹制方法。
2. 掌握牛柳烹制前的预处理方法。
3. 掌握滑炒类菜肴的火候控制和烹制技巧。

二、实验标准

牛柳细嫩爽滑,韭菜清香翠绿,味咸鲜可口。

三、实验原料

食材:牛柳200 g、韭菜70 g、鸡蛋1个。

药材:川贝母6 g。

调料:嫩肉粉3 g、胡椒粉3 g、酱油3 g、精盐4 g、白糖2 g、料酒8 g、鸡精2 g、淀粉10 g、食用油脂30 g。

四、操作步骤

1. 制作贝母粉:将川贝母用搅拌机打碎成粉备用。
2. 刀工处理:将牛柳切成薄片,韭菜切成0.4 cm长的韭菜花。
3. 腌制:在牛柳中加入精盐、嫩肉粉、胡椒粉、贝母粉、料酒、蛋液拌匀,腌制15分钟后,加入水豆粉上浆备用。
4. 调制调味芡汁:取调味碗,加入精盐、鸡精、白糖、酱油、水豆粉调匀备用。
5. 烹制:锅内加入食用油脂,加热至中油温,加入牛柳,滑炒散籽,加入韭菜花,断生,烹入调味芡汁,待收汁亮油,装盘成菜。

五、操作关键

1. 为了使牛柳细嫩,刀工前可用刀背轻拍牛柳,然后横筋切成薄片。
2. 控制好牛柳滑炒的火候和时间,旺火快速成菜。
3. 控制好调味芡汁中水豆粉的量。

六、品种拓展

1. 该菜品的配料可改用青椒、蒜苗、蒜苔等易熟、清香的原料。
2. 主料可改为鸡柳、猪柳。

川贝韭香牛柳

川贝韭香牛柳以川贝母为食疗主材，是一道清淡鲜嫩的滑炒类菜品，具有润肺止咳的功效，尤宜于久咳肺虚者食用。

牛柳细嫩爽滑，韭菜清香翠绿，味咸鲜可口。

杜仲腰花 DUZHONG YAOHUA

一、实验目的
1. 掌握杜仲的食疗功效和加工、烹制方法。
2. 掌握火爆类菜肴的火候控制和烹制技巧。

二、实验标准
成菜美观，腰花脆嫩，咸鲜可口。

三、实验原料

食材：猪腰2个、青椒20 g、红椒20 g、水发木耳20 g。

药材：杜仲10 g。

调料：老姜5 g、大蒜8 g、大葱15 g、泡辣椒10 g、精盐4 g、料酒5 g、胡椒粉2 g、酱油5 g、鸡精8 g、淀粉10 g、食用油脂30 g。

四、实验步骤
1. 煎药汁：杜仲加入清水中用小火煎熬，20分钟后取汁备用。
2. 刀工处理：将猪腰撕掉外膜，片去腰臊，剞成眉毛形腰花，青红椒切成菱形片，水发木耳切成小块，老姜、大蒜切成指甲片，大葱和泡辣椒切成马耳朵形。
3. 码味上浆：腰花用盐、料酒码味，然后用淀粉上浆。
4. 调制调味芡汁：调味碗中加入精盐、鸡精、酱油、胡椒粉、淀粉和药汁调制成调味芡汁。
5. 烹制：锅内加入食用油脂，加热至180 ℃高油温，加入腰花快速爆炒散籽，加入姜蒜片和泡辣椒炒香，加入辅料，炒至断生，烹入调味芡汁，收汁亮油，起锅装盘成菜。

五、操作关键
1. 猪腰切成眉毛形腰花，使成菜效果美观。
2. 控制好腰花上浆的厚薄。
3. 控制好炒制猪腰的火候和时间，火力一定要旺，油温要高。
4. 控制好调味芡汁中淀粉的量，达到收汁亮油的效果即可。

六、品种拓展
1. 此菜肴主料可改为鸡胗或猪肝。
2. 配料可选用青笋等清香脆嫩易熟的植物性原料。

操作步骤

 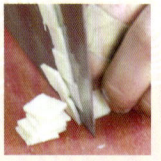 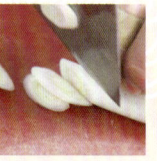 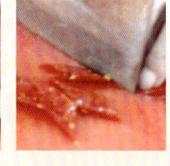  
   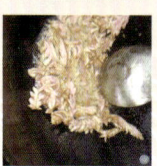 

杜仲腰花以杜仲为食疗主材，配合猪肾以脏补脏，具有滋补肝肾、强健腰膝的功效，适用于肝肾不足而见腰膝酸软等症者。

杜仲腰花成菜美观，腰花脆嫩，咸鲜可口。

第二章 品种实例

热菜类

杜仲腰花

陈皮野菌回锅肉

CHENPI YEJUN HUIGUOROU

一、实验目的
1. 掌握陈皮的食疗功效和加工、烹制方法。
2. 掌握猪肉熟处理的方法。
3. 掌握熟炒类菜肴的火候控制和烹制技巧。

二、实验标准
色泽棕红，肉质干香滋润，肥而不腻，咸鲜微辣略带甜。

三、实验原料

食材：猪腿肉150 g、野菌50 g、蒜苗50 g。
药材：陈皮10 g。
调料：郫县豆瓣20 g、甜酱10 g、酱油10 g、精盐2 g、鸡精2 g、食用油脂20 g。

四、操作步骤
1. 初加工：将陈皮和野菌分别放入热水中泡发洗净备用；将猪腿肉煮制断生，捞出备用。

2. 刀工处理：将猪腿肉切成薄片，将蒜苗切成马耳朵形；郫县豆瓣剁细备用。

3. 烹制：锅内加入食用油脂，烧至5成热，加入猪腿肉略炒，放精盐炒至出油，待肉片呈"灯盏窝形"，放入郫县豆瓣炒香上色，再放甜酱和其他调味品炒出香味，然后加入陈皮、野菌和蒜苗，炒至断生，起锅装盘即成。

五、操作关键
1. 猪腿肉煮至刚熟为佳，晾凉之后再切，以免粘刀，肉片切得不宜太厚。
2. 炒制的时候火力不宜太大，以便炒出肥肉中的油脂。
3. 调味时要考虑豆瓣的咸度，控制好精盐的用量。

六、品种拓展
在菜品中配荷叶饼或窝窝头，可配成菜点结合的菜品。

  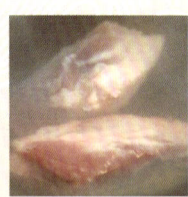

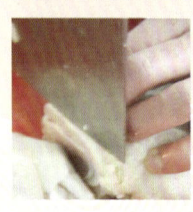  

陈皮野菌回锅肉以陈皮为食疗主材,是根据传统回锅肉创新而成的食疗菜品,具有理气健脾、和胃化痰的功效,消积解腻,尤其适于痰湿体质者食用。

陈皮野菌回锅肉

色泽棕红,肉质干香滋润,肥而不腻,咸鲜微辣略带甜

第二章 品种实例

热菜类

陈皮野菌回锅肉

山楂串香兔

SHANZHA CHUANXIANG TU

一、实验目的

1. 掌握山楂的食疗功效和加工、烹制方法。
2. 掌握兔肉初步处理方法。
3. 掌握菜肴的火候控制和烹制技巧。

二、实验标准

色泽金黄,外酥内嫩,味咸鲜适口。

三、实验原料

食材:净兔肉200 g、青椒50 g、红椒50 g、鸡蛋1个、面包糠100 g。

药材:山楂10 g。

调料:老姜5 g、大蒜8 g、香葱15 g、胡椒粉2 g、精盐4 g、料酒5 g、鸡精3 g、香油5 g、食用油脂2 000 g(实际用量20 g)。

四、操作步骤

1. 煎药汁:山楂放入清水中小火煎熬,20分钟后取汁备用。

2. 刀工处理:将兔肉切成4 cm×2 cm的片;青红椒分别切成菱形块;香葱切成葱花;老姜和大蒜切成米粒状。

3. 腌制:在兔肉中加入精盐、胡椒粉、料酒、药汁、鸡精、蛋液拌匀,腌制5分钟,然后用牙签串好备用。

4. 拍粉炸制:将腌制好的兔肉均匀地裹一层面包糠,投入高油锅中炸制成熟捞出,待油温重新回升,再投入兔肉重油炸制成金黄色捞出。

5. 烹制:锅内加入食用油脂,加热至中油温,炒青红椒粒和姜蒜米,然后放入炸好的兔肉,加入精盐和鸡精,滴入香油,快速起锅,装盘成菜。

五、操作关键

1. 兔肉腌制码味的底味不宜太咸。
2. 控制好炸制兔肉的油温,一般炸制两次,以达到外酥内嫩的效果。
3. 炸好的兔肉回锅炒制的时间不宜太久,否则影响酥脆的口感。

六、知识拓展

1. 该菜品主料可改为鸡脯。
2. 该菜品可制作成椒盐味,炸制好后直接配椒盐味碟即可。

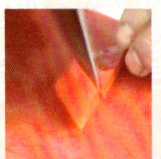

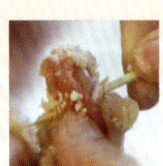

山楂串香兔以山楂为食疗主材，是在川菜牙签牛柳的基础上创新而成的食疗菜品，具有开胃消食的功效，适于食欲不振、胃纳不佳者食用。

山楂串香兔

色泽金黄，外酥肉嫩，味咸鲜适口。

首乌鸡柳
SHOUWU JILIU

一、实验目的

1. 熟悉该菜肴中何首乌的食疗功效和加工、烹制方法。

2. 掌握炸制类菜肴的火候控制和烹制技巧。

二、实验标准

色泽金黄，外酥内嫩，味咸鲜适口。

三、实验原料

食材：鸡脯肉200 g、鸡蛋1个、蛋黄粉100 g。

药材：何首乌10 g。

调料：胡椒粉2 g、精盐4 g、料酒5 g、鸡精3 g、食用油脂1 000 g（实际用油20 g）。

四、操作步骤

1. 煎药汁：何首乌放入清水中小火煎熬，20分钟后取汁备用。

2. 刀工处理：将鸡脯肉片成0.6 cm厚的大片。

3. 码味：在肉片中加入精盐、胡椒粉、料酒、药汁、鸡精、鸡蛋清拌匀，腌制5分钟。

4. 拍粉炸制：将腌制好的肉片均匀地裹一层蛋黄粉，投入高油锅中炸制成熟捞出，待油温重新回升，再投入肉片重油炸制成金黄色捞出。

5. 刀工成型：将炸好的鸡脯切成菱形块，装盘成菜，配椒盐碟即可。

五、操作关键

1. 鸡脯尽量片成大片，便于炸制好后刀工处理。

2. 控制好炸制肉片的油温，一般炸制两次，以达到外酥内嫩的效果。

六、品种拓展

1. 该菜品主料可改为猪肉里脊或牛柳等肉质细嫩的动物性原料。

2. 该菜品食用时可配备一小碟糖醋生菜。

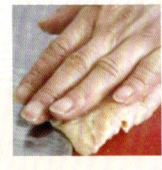

首乌鸡柳以何首乌为食疗主材,是一道炸制类食疗菜品,具有补益精血、乌发安神的功效,尤其适用于因肾精不足所致的须发早白、神志不宁等症。

首乌鸡柳

色泽金黄,外酥肉嫩,味咸鲜适口。

第二章 品种实例

热菜类 首乌鸡柳

天冬粉丝菜胆

TIANDONG FENSI CAIDAN

一、实验目的
1. 熟悉天冬的食疗功效和加工、烹制方法。
2. 掌握烩制类菜肴的火候控制和烹制技巧。

二、实验标准
咸鲜清香，质嫩脆爽。

三、实验原料

食材：菜心400 g、粉丝50 g、金钩10 g、鲜汤500 g。

药材：天冬6 g、枸杞5 g。

调料：老姜5 g、大葱节10 g、胡椒粉3 g、精盐4 g、鸡精2 g、水豆粉20 g、食用油脂20 g。

四、操作步骤

1. 煎药汁：天冬放入清水中小火煎熬成药汁，20分钟后备用。

2. 刀工处理：将每个菜心对切成4~6瓣。老姜拍破。

3. 初步熟处理：将菜心入沸水中焯至断生，粉丝用温水泡软；金钩用鲜汤浸泡备用。

4. 烹制：锅内加入食用油脂，加入姜葱炒香，然后加入鲜汤和药汁。烧沸后，捡去姜葱，加入菜心、粉丝和金钩，调味烧至入味。将粉丝捞出垫底，菜心整齐地盖面，锅内的汤汁用水淀粉勾成清二流芡，起锅浇淋在菜心上即可。

五、操作关键

1. 菜心选用嫩脆、筋缠少的鲜嫩部分。
2. 菜心焯水时一定使用旺火沸水，不宜久煮。
3. 控制好芡汁的浓稠度，不宜太浓。

六、品种拓展

该菜品的主料可改为冬瓜、芥蓝等。

操作步骤

   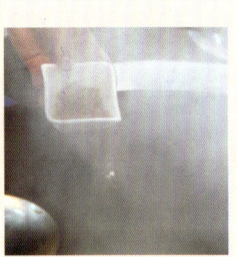

天冬粉丝菜胆以天冬为食疗主材，是一道清淡的素菜，具有滋阴润肺、清热生津的功效，尤其适于肺阴不足、虚热内扰而见颧红口干、干咳少痰或无痰者食用。

天冬粉丝菜胆

咸鲜清香，质嫩脆爽。

第二章 品种实例

热菜类　天冬粉丝菜胆

冬虫夏草老鸭汤

DONGCHONG XIACAO LAOYA TANG

一、实验目的
1. 掌握冬虫夏草的食疗功效和加工、烹制方法。
2. 掌握炖制类菜肴的火候控制和烹制技巧。

二、实验标准
鸭肉质地酥烂，味咸鲜适口，略带药味。

三、实验原料

食材：老土鸭750 g。

药材：冬虫夏草10 g、党参10 g、枸杞10 g。

调料：老姜15 g、大葱节20 g、胡椒粉3 g、精盐10 g、料酒50 g、鸡精8 g。

四、操作步骤
1. 初加工：将老土鸭冲洗干净；冬虫夏草用温水浸泡1分钟后将表面洗净；党参、枸杞用温水洗净；老姜洗净。
2. 刀工处理：党参切成2.5 cm长的节；老姜切成厚片。
3. 初步熟处理：将老鸭焯水后用凉水冲洗干净。
4. 烹制：砂锅中放入清水，加入老鸭，旺火烧沸后撇去表面浮沫，再加入冬虫夏草、党参、老姜片、大葱节、料酒、胡椒粉，小火炖制。炖至鸭肉软烂后加入枸杞再炖约5分钟，最后加入精盐、鸡精调味即成。

五、操作关键
1. 老土鸭一定要去净内脏，漂洗干净血污；冬虫夏草、党参、枸杞一定要用温水浸泡洗净。
2. 控制好炖制的火候和时间，大火烧沸后改用小火慢慢煨炖，炖至鸭肉软烂。枸杞不宜放得过早，不宜久炖。
3. 精盐和鸡精不宜过早加入，待原料炖煮好之后，再加入精盐和鸡精定味且咸味不宜重。

六、品种拓展
主料可改为老母鸡或乌骨鸡，烹调方法可改为蒸。

操作步骤

冬虫夏草老鸭汤以冬虫夏草、党参、枸杞子为食疗主材，是一道流行的食疗汤菜，具有补气益精、滋肾养肺的功效，适宜肺肾两虚而见咳嗽喘息、阳痿遗精、食欲不振等症者食用。

冬虫夏草老鸭汤

鸭肉质地酥烂，味咸鲜适口，略带药味。

第二章 品种实例

汤菜类

冬虫夏草老鸭汤

山珍野菌汤
SHANZHEN YEJUN TANG

一、实验目的
1. 掌握灵芝、人参的食疗功效和加工、烹制方法。
2. 掌握松茸、猴头菇、鸡腿菇、黄牛肝菌、猪肚菇的初加工方法。
3. 掌握炖制类菜肴的火候控制和烹制技巧。

二、实验标准
原料丰富,野菌质地滑嫩爽口,咸鲜味美。

三、实验原料

食材:老母鸡500 g、土鸭500 g、松茸50 g、猴头菇50 g、鸡腿菇200 g、黄牛肝菌200 g、猪肚菇200 g。

药材:灵芝10 g、人参10 g、冬虫夏草5 g、枸杞5 g。

调料:老姜15 g、大葱节20 g、胡椒粉3 g、精盐10 g、料酒20 g、味精2 g。

四、操作步骤
1. 初加工:老母鸡、土鸭洗净;松茸、猴头菇、黄牛肝菌热水泡发然后清洗干净;鸡腿菇、猪肚菇冲洗干净;灵芝、人参、冬虫夏草用清水清洗干净。

2. 刀工处理:老母鸡、土鸭剁成3 cm见方的块;松茸、鸡腿菇、黄牛肝菌切成0.4 cm厚的片,猴头菇、猪肚菇剖成4瓣;老姜切成厚片。

3. 初步熟处理:将老母鸡、土鸭块放入沸水中焯水备用。

4. 烹制:砂锅中放入清水,加入老母鸡块、土鸭块、松茸、猴头菇、灵芝、人参、冬虫夏草、姜片、大葱节、胡椒粉、料酒,用旺火烧沸后撇去表面浮沫,改用小火煨炖至软熟,然后加入黄牛肝菌、鸡腿菇、猪肚菇、枸杞炖至成熟,加入精盐、味精调味即成。

五、操作关键
1. 老母鸡、土鸭一定要去净内脏,冲洗血污;松茸、猴头菇如果用的是干制品,需要用水发的方法将其涨发,与老母鸡和土鸭一起加入砂锅中炖制。

2. 控制好炖制的火候和时间,大火烧沸后改用小火慢慢煨炖,待鸡鸭软熟之后,再加入菌类。菌类炖制的时间不宜过长。

3. 精盐和味精不宜过早加入,待原料炖煮好之后,再加入精盐和味精定味。

六、品种拓展
原料可改老母鸡和土鸭为老鸽。

操作步骤

  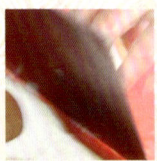 

山珍野菌汤以灵芝、人参、冬虫夏草和枸杞为食疗主材，是一道流行的食疗汤菜，具有益心气、滋肾阴、安神补脑的功效，适宜于气阴不足、心肾不交而见体弱多病、倦怠乏力、口渴盗汗、失眠多梦等症者食用。

第二章 品种实例

汤菜类

山珍野菌汤

山珍野菌汤

原料丰富，野菌质地滑嫩爽口，咸鲜味美。

淮杞冬虫夏草甲鱼汤

HUAIQI DONGCHONG XIACAO JIAYU TANG

一、实验目的

1. 掌握甲鱼的食用功效和初加工方法。
2. 掌握炖制类菜肴的火候控制和烹制技巧。

二、实验标准

汤色乳白,甲鱼质地软糯,味咸鲜适口。

三、实验原料

食材:甲鱼1只(约重750 g)、老母鸡半只(约750 g)。

药材:冬虫夏草5 g、淮山药10 g、枸杞10 g。

调料:花椒2 g、老姜15 g、大葱节20 g、胡椒粉3 g、精盐10 g、料酒20 g、鸡精8 g。

四、操作步骤

1. 初加工:甲鱼宰杀放尽血水,放入沸水锅中烫1分钟后捞出,除去表面粗皮,剖开掏尽内脏和肥油,剁去指甲,冲洗干净;老母鸡去净内脏,冲洗干净;冬虫夏草、淮山药、枸杞用温水洗净。

2. 刀工处理:将甲鱼剁成2.5 cm大小的块;老母鸡剁成2.5 cm大小的块;老姜切成厚片。

3. 初步熟处理:将甲鱼、老母鸡分别焯水后用凉水冲洗干净。

4. 烹制:砂锅中加入清水,放入甲鱼、老母鸡、冬虫夏草、淮山药、花椒、料酒、胡椒粉、老姜片、大葱节,大火烧沸后撇去表面浮沫,改用小火炖至原料软熟。然后加入枸杞炖制,最后加入精盐、鸡精调味即成。

五、操作关键

1. 甲鱼宰杀时一定要放尽血水,粗皮和黑膜要刷洗干净,内脏和肥油掏干净。

2. 控制好炖制的火候和时间,大火烧沸后改用小火慢慢炖煮,炖至甲鱼和鸡肉酥烂,枸杞不宜放得过早,不宜久炖。甲鱼如果较嫩,可先将鸡炖一定时间后再放入甲鱼块。

3. 掌握好各种食材和药材的配备比例。

六、品种拓展

原料可改老母鸡为乌骨鸡。

操作步骤

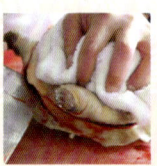
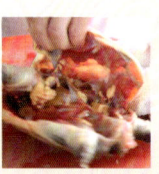

淮杞冬虫夏草甲鱼汤

汤色乳白,甲鱼质地软糯,味咸鲜适口。

淮杞冬虫夏草甲鱼汤以冬虫夏草、山药、枸杞子和甲鱼为食疗主材,是一道流行的食疗汤菜,具有滋补肝肾、养阴扶阳的功效,适宜肝肾不足而见体弱多病、腰膝酸软、久咳虚喘等症者食用。

天麻黄芪老鸽汤

TIANMA HUANGQI LAOGE TANG

一、实验目的
1. 掌握天麻的食疗功效和加工、烹制方法。
2. 掌握蒸制类菜肴的火候控制和烹制技巧。

二、实验标准
汤清亮色浅茶，老鸽质地酥烂，清淡适口，鲜香味足，略带药味。

三、实验原料

食材：老鸽2只。

药材：天麻10 g、黄芪10 g、玉竹5 g、枸杞5 g。

调料：老姜10 g、大葱节15 g、胡椒粉5 g、精盐8 g、料酒10 g、鸡精8 g、葱花5 g。

四、操作步骤
1. 初加工：老鸽掏尽内脏，冲洗干净；天麻、黄芪、玉竹、枸杞用温水浸泡洗净。

2. 刀工处理：老鸽剁成2.5 cm大小的块；天麻、玉竹切成片；黄芪切成2 cm长的段；老姜切成片。

3. 初步熟处理：将鸽子焯水后捞出，用凉水冲干净。

4. 烹制：汤盅中加入清水，放入鸽子、天麻片、玉竹片、黄芪段、老姜片、大葱节、胡椒粉、枸杞、料酒，用旺火蒸至鸽肉软熟，加入精盐、鸡精调味即成。

五、操作关键
1. 控制好蒸制的火候和时间。
2. 精盐和鸡精不宜过早加入，待原料蒸制好之后，再加入精盐和鸡精定味。

六、品种拓展
主料可改老鸽为乌骨鸡或老母鸡。

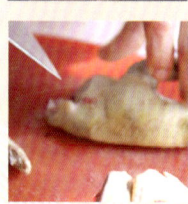

天麻黄芪老鸽汤以天麻、黄芪、玉竹为食疗主材，是传统的一道食疗汤菜，具有息风定眩、固表和胃的功效，适宜虚弱之人、表卫不固、感触风邪、引动肝风、胃气不和而见眼黑目眩、恶心呕吐、如坐舟车、兼有虚乏多倦等症者食用。

天麻黄芪老鸽汤

汤清亮色浅茶，老鸽质地酥烂，清淡适口，鲜香味足，略带药味。

汤菜类

天麻黄芪老鸽汤

当归牛尾汤
DANGGUI NIUWEI TANG

一、实验目的
1. 掌握当归、红花的食疗功效和加工、烹制方法。
2. 掌握炖制类菜肴的火候控制和烹制技巧。

二、实验标准
汤稠色微红，牛尾质地酥烂，咸鲜味厚，略带药味。

三、实验原料

食材：牛尾500 g、熟猪肚100 g、广东胡萝卜100 g、西芹100 g。

药材：当归10 g、党参5 g、红花2 g。

调料：花椒6 g、老姜10 g、大葱节15 g、胡椒粉3 g、精盐10 g、料酒20 g、鸡精8 g。

四、操作步骤
1. 初加工：牛尾洗净；广东胡萝卜去皮洗净；西芹去筋洗净；当归、党参用清水洗净。

2. 刀工处理：将牛尾剁成2 cm长的块；熟猪肚切成片；西芹切成菱形块；广东胡萝卜切成菱形块；老姜切厚片。

3. 初步熟处理：牛尾放入盆中加少许精盐、料酒、花椒拌匀，注入清水浸泡20分钟，然后用清水冲漂，最后将牛尾焯水后冲洗干净。

4. 烹制：砂锅中放入清水，加牛尾块、当归、党参、老姜片、大葱节、花椒、料酒、胡椒粉，用旺火烧沸后撇去表面浮沫，用小火炖至牛尾软熟，然后加熟猪肚片、广东胡萝卜块、西芹块、红花炖至胡萝卜、西芹断生，最后加精盐和鸡精调味即成。

五、操作关键
1. 牛尾一定要洗净，剁成块后要漂去血污，除去膻味。

2. 控制好炖制的火候和时间，旺火烧沸后改用小火慢慢炖煮，直至牛尾软烂。

3. 红花不宜放得过早，不宜久炖。精盐和鸡精不宜过早加入，咸味要足才能提鲜压异味。

六、品种拓展
主料可改牛尾为猪尾或牛腩。

操作步骤

  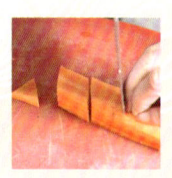 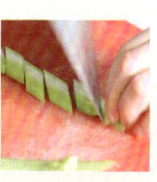

当归牛尾汤以当归、红花、党参、猪肚、牛肉等为食疗主材，是一道流行的食疗汤菜，具有益气健脾、养血活血的功效，可用于气血亏虚、血循不畅而见体弱气短、面色萎黄、食少纳差、月经不调等症者食用。

当归牛尾汤

汤稠色微红，牛尾质地酥烂，咸鲜味厚，略带药味。

第二章 品种实例

汤菜类

当归牛尾汤

党参鲫鱼羊肉汤

DANGSHEN JIYU YANGROU TANG

一、实验目的
1. 掌握党参的食疗功效和加工、烹制方法。
2. 掌握炖制类菜肴的火候控制和烹制技巧。

二、实验标准
汤色乳白，羊肉软烂，鲫鱼形整，咸鲜适口，鲜味十足。

三、实验原料

食材：鲫鱼2条（约400 g）、羊肉250 g。
药材：党参10 g、当归8 g、黄芪5 g、枸杞3 g。
调料：花椒3 g、老姜15 g、大葱20 g、香菜15 g、胡椒粉3 g、精盐8 g、料酒20 g、食用油脂100 g。

四、操作步骤
1. 初加工：鲫鱼宰杀取尽内脏洗净；党参、当归、黄芪、枸杞用温水洗净。

2. 刀工处理：将鲫鱼两侧脊背肉厚处剞上一字花刀；羊肉切成2.5 cm见方、1 cm厚的块；老姜切成厚片，大葱切成8 cm长的葱段，香菜切成2 cm长的节。

3. 初步熟处理：鲫鱼和羊肉块放入盆中加少许精盐、料酒、花椒拌匀码味，然后将羊肉焯水备用；鲫鱼用油煎至两面呈浅黄色。

4. 烹制：砂锅中放入清水，放入羊肉、党参、当归、黄芪、花椒、老姜片、葱段、胡椒粉、料酒，用旺火烧沸后撇去表面浮沫，改用小火煨炖至羊肉软熟；然后加入鲫鱼再炖制，保持汤面微沸，炖至汤色奶白，放入枸杞，最后加入精盐调味，端离火口撒上香菜节即成。

五、操作关键
1. 鲫鱼宰杀一定要去净鳞、鳃、内脏和腹膜。

2. 控制好炖制的火候和时间，旺火烧沸后改用中小火慢慢炖煮，并保持汤面微沸。羊肉要先炖制一段时间再放入鲫鱼炖制。

3. 鱼羊合烹为鲜，鲜味十足且自然，只需加精盐给足底味，调和滋味即可。

六、品种拓展
主料可改鲫鱼为鲤鱼、草鱼。

 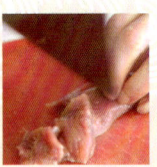 

 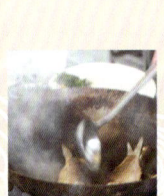  

党参鲫鱼羊肉汤以党参、当归、黄芪、枸杞等为食疗主材，是一道传统的食疗汤菜，具有温阳益气养血的功效，适宜阳气不足、阴血亏虚而见面色无华、头昏眩晕、疲倦乏力、手足不温等症者食用。

第二章 品种实例

汤菜类

党参鲫鱼羊肉汤

汤色乳白，羊肉软烂，鲫鱼形整，咸鲜适口，鲜味十足。

药膳与食疗

川芎三七乌鸡汤

CHUANXIONG SANQI WUJI TANG

一、实验目的

1. 掌握川芎、三七、玉竹的食疗功效和加工、烹制方法。
2. 掌握炖制类菜肴的火候控制和烹制技巧。

二、实验标准

汤色清亮带茶色,味咸鲜适口,略有药味。

三、实验原料

食材:乌鸡1只(约1 000 g)。

药材:川芎10 g、三七5 g、玉竹5 g、枸杞5 g。

调料:老姜15 g、大葱节20 g、精盐10 g、料酒20 g、味精2 g。

四、操作步骤

1. 初加工:将乌鸡内脏掏尽,剁去脚趾,冲洗干净;川芎、三七、玉竹用温水清洗干净,枸杞用温水泡发备用。
2. 刀工处理:将乌鸡剁成2.5 cm见方的块;老姜切厚片。
3. 初步熟处理:将乌鸡块放入沸水焯水备用。
4. 烹制:砂锅中放入清水,加入乌鸡块、川芎、三七、玉竹、老姜片、大葱节、料酒,旺火烧沸后撇去表面浮沫,然后改用小火炖至乌鸡肉质软熟,加入枸杞炖约20分钟,最后加入精盐、味精调味即成。

五、操作关键

1. 控制好炖制的火候和时间,旺火烧沸后改用小火慢慢炖煮。
2. 精盐和味精不宜过早加入,待原料炖煮好之后,再加入精盐和味精定味。

六、品种拓展

主料可改乌鸡为土鸡或老母鸡。

操作步骤

川芎三七乌鸡汤以川芎、三七、玉竹、枸杞为食疗主材，是一道传统的食疗汤菜，具有活血养血、行气止痛的功效，适宜于血虚体弱、瘀血阻滞而见心胸脐腹、户臂股足等处痛如针刺，痛处固定不移，入夜尤甚者食用，女性经期忌用。

川芎三七乌鸡汤

汤色清亮带茶色，味咸鲜适口，略有药味。

第二章 品种实例

汤菜类

川芎三七乌鸡汤

药膳与食疗

红枣乌鸡汤
HONGZAO WUJI TANG

一、实验目的
1. 掌握红枣、人参、枸杞的食疗功效和加工、烹制方法。
2. 掌握炖制类菜肴的火候控制和烹制技巧。

二、实验标准
汤呈浅茶色，咸鲜适口，略有参药味。

三、实验原料

食材：乌鸡1只（约1 000 g）。
药材：红枣50 g、鲜人参1根、枸杞5 g。
调料：老姜15 g、大葱节20 g、精盐10 g、料酒20 g、味精2 g。

四、操作步骤
1. 初加工：将乌鸡内脏掏净，冲洗干净；鲜人参洗净；红枣洗净，枸杞温水浸泡备用。
2. 刀工处理：将乌鸡剁成2.5 cm见方的块；老姜切厚片。
3. 初步熟处理：将乌鸡块放入沸水焯水备用。
4. 烹制：砂锅中放入清水，加入乌鸡块、鲜人参、红枣、老姜片、大葱节、料酒，大火烧沸后撇去表面浮沫，然后改用小火炖至乌鸡肉质软熟，加入枸杞炖约20分钟，最后加入精盐、味精调味即成。

五、操作关键
1. 控制好炖制的火候和时间，大火烧沸后改用小火慢慢炖煮，枸杞不宜放得过早，不宜久炖。
3. 精盐和味精不宜过早加入，待原料炖煮好之后，再加入精盐和味精定味。

六、品种拓展
主料可改乌鸡为老母鸡。

操作步骤

红枣乌鸡汤

汤呈浅茶色,咸鲜适口,略有参药味。

红枣乌鸡汤以红枣、人参、枸杞、乌鸡为食疗主材,是一道传统的食疗汤菜,具有益气补血、滋肾养阴、宁心安神的功效,适宜久病体虚或产后血亏而见心烦胸闷、疲劳乏力、潮热失眠等症者食用。

药膳与食疗

灵芝人参土鸡汤

LINGZHI RENSHEN TUJI TANG

一、实验目的

1. 掌握灵芝、人参、党参、茯苓、当归的食疗功效和加工、烹制方法。
2. 掌握炖制类菜肴的火候控制和烹制技巧。

二、实验标准

汤色清澈，味咸鲜适口，略有药味。

三、实验原料

食材：土鸡1只（约1 200 g）。

药材：灵芝10 g、人参20 g、党参5 g、茯苓5 g、当归5 g。

调料：老姜15 g、大葱节20 g、精盐10 g、料酒20 g、味精2 g。

四、操作步骤

1. 初加工：将土鸡内脏掏尽，剁去脚趾，冲洗干净；人参、灵芝、党参、茯苓、当归用温水清洗干净。
2. 刀工处理：将土鸡剁成2.5 cm见方的块；老姜切厚片。
3. 初步熟处理：将土鸡块放入沸水焯水备用。
4. 烹制：砂锅中放入清水，加入土鸡块、灵芝、人参、党参、茯苓、当归、老姜片、大葱节、料酒，旺火烧沸后撇去表面浮沫，然后改用小火炖至乌鸡肉质软熟，最后加入精盐、味精调味即成。

五、操作关键

1. 控制好炖制的火候和时间，旺火烧沸后改用小火慢慢炖煮。
2. 精盐和味精不宜过早加入，待原料炖煮好之后，再加入精盐和味精定味。

六、品种拓展

主料可改土鸡为乌骨鸡。

操作步骤

灵芝人参土鸡汤以灵芝、人参、党参、茯苓、当归为食疗主材，是一道传统的食疗汤菜，具有气血双补、养心安神的功效，适宜气血两虚而见久病体弱、面色萎黄、头晕目眩、失眠多梦等症者食用。

灵芝人参土鸡汤

汤色清澈，味咸鲜适口，略有药味。

第二章 品种实例

汤菜类

灵芝人参土鸡汤

药膳与食疗

洋参淮山乳鸽汤

YANGSHEN HUAISHAN RUGE TANG

一、实验目的

1. 掌握西洋参、山药、枸杞的食疗功效和加工、烹制方法。
2. 掌握炖制类菜肴的火候控制和烹制技巧。

二、实验标准

汤色清亮呈浅茶色,肉质酥烂,味咸鲜适口,略带药味。

三、实验原料

食材:乳鸽2只。

药材:西洋参片5 g、淮山药5 g、枸杞5 g、大枣10 g。

调料:老姜10 g、大葱节15 g、胡椒粉1 g、精盐8 g、料酒10 g、鸡精8 g。

四、操作步骤

1. 初加工:乳鸽取尽内脏冲洗干净;西洋参片、淮山药、枸杞、大枣用温水洗净。
2. 刀工处理:老姜切成厚片。
3. 初步熟处理:将乳鸽焯水后用清水冲洗干净。
4. 烹制:砂锅中加入清水,放入乳鸽、老姜片、大葱节、西洋参片、大枣、淮山药大火烧沸后撇去表面浮沫,加入胡椒粉、料酒调味,然后用小火炖至乳鸽肉质软熟,再加入枸杞,最后用精盐和鸡精调味均匀后即成。

五、操作关键

1. 控制好炖制的火候和时间,大火烧沸后改用小火煨炖。
2. 精盐和鸡精不宜过早加入,待原料炖煮好之后,再加入精盐和鸡精定味。

六、品种拓展

主料可改乳鸽为老母鸡。

操作步骤

洋参淮山乳鸽汤以西洋参、山药、枸杞子、大枣为食疗主材，是一道传统的食疗汤菜，具有益气补血、养阴生津的功效，适宜病后、产后元气亏虚、阴血不足而见面色无华、少气懒言、语音低怯、口渴便干等症者食用。

洋参淮山乳鸽汤

汤色清亮呈浅茶色，肉质酥烂，味咸鲜适口，略带药味。

薏仁抄手

YIREN CHAOSHOU

一、实验目的

1. 掌握薏苡仁的食疗功效和加工、烹制方法。
2. 掌握抄手的制作方法。

二、实验标准

汤色清亮，味咸鲜适口，略带药味。

三、实验原料（10份）

食材：抄手皮20张、猪绞肉150 g、鸡蛋1个。

药材：薏苡仁30 g、枸杞5 g。

调料：料酒2 g、胡椒粉1.5 g、味精5 g、精盐15 g、老姜5 g、大葱10 g、葱花5 g、芝麻油5 g、鲜汤1 000 g。

四、操作步骤

1. 初加工：将大葱、老姜拍破，加入清水制成姜葱水，将薏苡仁洗净后加入900 g鲜汤入蒸箱，蒸至薏苡仁软烂开花备用；枸杞用清水浸泡5分钟沥水备用。

2. 制馅：猪绞肉加入精盐、味精、鸡蛋液、胡椒粉和料酒搅拌均匀，然后加入姜葱水用力搅打至肉黏稠起胶，再分次加入鲜汤搅打至肉松散，最后加芝麻油拌匀即成馅。

3. 成形：取抄手皮放入馅心，对叠成三角形，再将左右两角尖向中折叠粘合成菱角形即成抄手坯。

4. 定碗：将精盐、胡椒粉、味精和带汤薏苡仁均匀分于10个碗内。

5. 熟制：锅内加水烧沸下抄手生坯，煮至皮发亮起皱捞出置于已定味碗中，最后点缀上枸杞即成。

五、操作关键

1. 薏苡仁一定要蒸至软烂开花。
2. 控制好各调味料的用量，肉馅搅打要注意方法，把握好鲜汤的加入量。
3. 控制好抄手的煮制时间。

六、品种拓展

抄手成品可在味型上改为红油味或蒜泥味。

    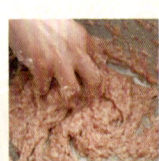

  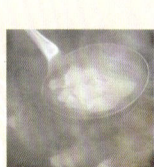

薏仁抄手以薏苡仁为食疗主材，是传统的一道养生小吃，具有健脾祛湿的功效，尤其适于脾胃不足、水湿不运而见脾虚泄泻等症者食用。

薏仁抄手

汤色清亮，味咸鲜适口，略带药味。

药膳与食疗

养生胡萝卜

YANGSHENG HULUOBO

一、实验目的

1. 掌握胡萝卜的食疗功效和加工、烹制方法。
2. 掌握炸制时的油温及火候控制。

二、实验标准

外酥里糯,颜色及形状近似胡萝卜。

三、实验原料 (10份)

食材: 广东胡萝卜100 g、枣泥馅200 g、澄粉30 g、糯米粉120 g、奶粉30 g、面包糠100 g、鸡蛋1个。

调料: 蜂蜜50 g、食用油脂1 000 g、猪油20 g。

装饰料: 香菜根20根。

四、操作步骤

1. 初加工:将广东胡萝卜洗净、去皮入蒸箱蒸熟,去水分后捣成泥状备用。
2. 调制面团:在广东胡萝卜泥中加入澄粉、糯米粉、奶粉、蜂蜜以及猪油,充分调匀成为干稀适度的粉团。
3. 成形:将粉团下成20 g一个的剂子,包入枣泥馅,搓成胡萝卜形,然后粘上蛋液,再裹上面包糠即为生坯。
4. 熟制:锅内食用油脂烧至100 ℃,将生坯入油锅炸至浮面,再升温炸至表皮色泽金黄酥脆即可。

五、操作关键

1. 广东胡萝卜一定要蒸熟蒸透,去掉部分水分。
2. 控制好炸制的油温和火候。

六、品种拓展

调制面团时可以只加入澄粉,将成形的生坯不粘蛋液和裹面包糠,采用蒸制成熟,成品晶莹剔透,营养丰富。

操作步骤

养生胡萝卜

外酥里糯，颜色及形状近似胡萝卜。

养生胡萝卜以胡萝卜为食疗主材，是一道创新的养生小吃，具有健脾和中、滋肝明目的功效。本品用材温和，一般人都可食用，尤其适宜于有脾虚食少、体虚乏力、视物昏花、雀盲等症者。

翡翠养生烧麦

FEICUI YANGSHENG SHAOMAI

一、实验目的
1. 掌握枸杞的食疗功效和加工、烹制方法。
2. 掌握制作烧麦的方法。

二、实验标准
色翠绿，咸鲜适口，形状美观。

三、实验原料（12份）

食材：面粉100 g、菠菜50 g、猪绞肉100 g、香菇30 g

药材：枸杞5 g

调料：料酒2 g、胡椒粉0.5 g、味精1 g、精盐3 g、酱油3 g、姜葱水15 g、芝麻油3 g、鲜汤50 g

四、操作步骤

1. 调制面团：先将菠菜洗净后加入适量的清水榨成汁水，然后与面粉一起调制成绿色的面团待用。

2. 制馅：先将香菇洗净后切成绿豆大小的颗粒备用；猪绞肉中加入精盐、味精、酱油、胡椒粉和料酒搅拌均匀，再加姜葱水用力搅打至肉黏稠起胶，然后分次加入鲜汤搅打至肉松散，最后加芝麻油和香菇颗粒拌匀即成馅。

3. 成形：面团下剂，用面棒擀成直径为8 cm的薄圆皮，放入馅心捏成白菜形状，中间点缀一颗枸杞即成生坯。

4. 熟制：将烧麦生坯放入蒸箱蒸8分钟即可。

五、操作关键
1. 菠菜榨汁一定要细腻，调制面团时要揉透揉均匀。
2. 控制好各调味料的用量，肉馅搅打要注意方法，把握好鲜汤的加入量。
3. 控制好烧麦的蒸制时间。

六、品种拓展
调制面团时可将菠菜汁换成胡萝卜汁、南瓜汁等改变面团颜色做成另类特色烧麦。

操作步骤

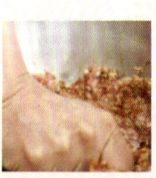

翡翠养生烧麦以菠菜、枸杞为食疗主材，是改良面点小吃，在传统烧麦制作的基础上加入菠菜汁和枸杞，具有补肾益精、养肝明目的功效，尤其适于肝肾不足、阴虚血少而见腰膝酸软、视物昏花等症者食用。

翡翠养生烧麦

色翠绿，咸鲜适口，形状美观。

香酥玉米烙 XIANGSU YUMILAO

一、实验目的
1. 掌握荸荠的食疗功效及加工、烹制方法。
2. 控制好各原料的配备比例以及面团的干稀度。

二、实验标准
色泽金黄,酥脆爽口,玉米风味突出。

三、实验原料(10份)

食材:生玉米粉50 g、糯米粉50 g、鹰粟粉30 g、奶粉10 g、玉米粒50 g、鲜荸荠50 g。

调料:黄油30 g、椰浆30 g、白糖50 g、色拉油100 g。

四、操作步骤
1. 初加工:鲜荸荠去皮切成玉米粒大小的颗粒待用。
2. 调制面团:将玉米粉、糯米粉、鹰粟粉、奶粉、玉米粒、荸荠粒、椰浆、黄油和白糖加入适量的清水搅拌均匀调制成稀面团备用。
3. 成形成熟:平底锅加入少许色拉油烧热,舀入适量面团形成圆饼状,反复煎至两面呈金黄色即可。

五、操作关键
1. 调制面团时控制好加水量,且要搅拌均匀。
2. 控制好煎制火候和时间。

六、品种拓展
在调制面团时可改变配料种类,将玉米粒改为蔬果粒,制成果蔬风味的烙饼。

香酥玉米烙以荸荠为食疗主材，具有清热生津、化痰消积的功效，性味平和，一般人都可食用。本品为改良面点小吃，是在传统玉米饼制作的基础上加入玉米粒和荸荠粒，口感更好。

第二章 品种实例

面点类

香酥玉米烙

香酥玉米烙

色泽金黄，酥脆爽口，玉米风味突出。

补血养颜粥

BUXUE YANGYAN ZHOU

一、实验目的
1. 掌握何首乌、阿胶的处理方法。
2. 掌握阿胶的食疗功效和加工、烹制方法。
3. 掌握熬制粥类的火候控制。

二、实验标准
色紫粥浓,口感爽滑,略带微甜。

三、实验原料(20份)

食材:粳米100 g、紫糯米100 g。
药材:何首乌30 g、阿胶10 g、大枣8枚、枸杞10 g。
调料:红糖30 g。

四、操作步骤
1. 煎何首乌汁:将何首乌放入砂锅内,加入适量的水,小火煎制,滤去药渣,将枸杞用温开水泡发备用。
2. 熬制:将粳米、紫糯米、大枣、何首乌汁、阿胶放入砂锅内,加适量水,用旺火煮沸,再改用小火熬煮至米烂成粥。
3. 调味:将红糖加入粥中,继续煮制至溶化拌匀即可。

五、操作关键
1. 何首乌汁一定要熬制足够的时间,使其汁浓。
2. 控制好熬制的火候和时间,一般大火烧沸后改用小火慢慢炖煮,并不时地用勺子推搅锅底防止糊锅。
3. 掌握好各种食材和药材的配备比例。

六、品种拓展
在熬粥时可增加干果、果脯类食材,增加粥的营养价值并提升口感。

操作步骤

补血养颜粥以何首乌、阿胶为食疗主材,是深受女性喜爱的一道养生粥谱,具有养肝补肾、益阴养血的功效,尤其适宜于肝肾不足、阴虚血少而见面色萎黄、须发早白、月经不调等症者食用。

补血养颜粥

色紫粥浓,口感爽滑,略带微甜。

开胃南瓜球

KAIWEI NANGUA QIU

一、实验目的
1. 掌握南瓜的食疗功效和烹制方法。
2. 掌握南瓜面团的的处理方法。
3. 掌握煮制南瓜球的火候控制及熬制程度。

二、实验标准
色泽诱人，味道酸甜，口感黏糯。

三、实验原料（12份）

食材：老南瓜100 g、糯米粉80 g、澄粉30 g。

药材：山楂酱50 g。

调料：白糖20 g。

四、操作步骤
1. 初加工：将老南瓜去皮切成厚片平铺蒸笼上，旺火蒸熟，装入纱布去掉多余的水分，放入不锈钢盆中，搅拌成南瓜泥。

2. 调制面团：将澄粉、糯米粉、白糖放入南瓜泥中，调制成面团。

3. 成形熟制：将南瓜面团搓条分成5 g一个的剂子，搓成小球，放入沸水锅中煮熟，沥干水分装入小碗中。

4. 淋汁：将山楂酱淋于煮熟的南瓜球上即可。

五、操作关键
1. 南瓜一定要蒸熟蒸透，然后搅成南瓜泥。
2. 煮南瓜球时保持水沸而不腾。

六、品种拓展
在调制面团时可将南瓜换成胡萝卜、紫薯等食材，改变成品的色泽和口味。

操作步骤

开胃南瓜球以南瓜、山楂为食疗主材,是一道创新的养生小吃,具有消食健胃的功效,尤其适合于脾胃虚弱、食少难消者食用。

开胃南瓜球

色泽诱人,味道酸甜,口感黏糯。

养颜红枣卷

YANGYAN HONGZAO JUAN

一、实验目的
1. 掌握大枣的食用功效及烹制方法。
2. 掌握酵母发酵面团的制作工艺。

二、实验标准
造型美观,香甜可口,枣香宜人。

三、实验原料(10份)

食材:面粉150 g、酵母2 g、泡打粉1 g、温水75 g。

药材:红枣60 g、蜜玫瑰10 g。

调料:白糖10 g、化猪油10 g、猪板油30 g。

四、操作步骤
1. 调制面团:面粉加酵母、泡打粉、白糖、温水调制成团,加化猪油揉匀,盖上湿毛巾饧面5分钟。
2. 制馅:红枣去核切成细末;蜜玫瑰剁细;猪板油撕去油皮,用刀剁成蓉,与红枣、蜜玫瑰一起搅匀即成油蓉。
3. 成形:发好的面团放案板上,用手揉成长圆条,按扁,用擀面杖擀成约0.8 cm厚的长方形面皮,抹上一层拌好的油蓉,由外向内卷成圆筒,用刀横条切深度为1/2、宽度为0.5 cm的花刀,5刀一断即为面剂。取一面剂,用手捏住两端轻轻拉长,再叠成"日"字形即成生坯。
4. 熟制:将生坯放入刷油的蒸笼内饧发,再用旺火沸水蒸10分钟即成。

五、操作关键
1. 生坯成形后要充分饧发。
2. 蒸制时火力要旺,且不可中途停火。

六、品种拓展
馅料可改为蜜桂花馅或其他蜜饯类。

操作步骤

养颜红枣卷以大枣为食疗主材,是一道传统的养生小吃,具有健脾养血的功效,适宜于脾胃不足、气虚血少者食用,体弱多病、病后康复者尤宜。

养颜红枣卷

造型美观,香甜可口,枣香宜人。

杏仁玉米糕
XINGREN YUMI GAO

一、实验目的
1. 了解杏仁的食疗功效及烹制方法。
2. 掌握发酵浆类面团成型及成熟技术。

二、实验标准
色泽金黄，香甜细嫩，杏仁香味浓郁，老少皆宜。

三、实验原料（10份）

食材：玉米粉160 g、面粉120 g、酵母4 g、泡打粉3 g、热水500 g、熟菜油40 g。

药材：熟杏仁60 g。

调料：白糖120 g、猪油20 g。

四、操作步骤
1. 调制粉浆：玉米粉、面粉加白糖和热水拌匀成稀面浆，再加酵母、泡打粉和猪油拌匀，放入发酵箱发酵。
2. 装盏：将粉浆搅匀后舀入纸盏，面上撒上熟的杏仁碎。
3. 熟制：入蒸笼蒸制20分钟即可。

五、操作关键
1. 调制粉浆时掌握好粉浆的浓稠度。
2. 控制好粉浆的发酵程度。

六、品种拓展
调制粉浆时可加入葡萄干、花生碎、大枣粒，改变成品的口感效果。

 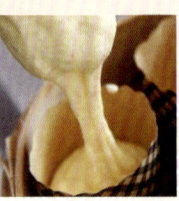  

杏仁玉米糕以甜杏仁为食疗主材，是在传统玉米发糕的基础上创新的一道养生点心，具有润肺平喘的功效，尤其适宜于虚劳咳喘、肠燥便秘者食用。

杏仁玉米糕

色泽金黄，香甜细嫩，杏仁香味浓郁，老少皆宜。

药膳与食疗

健胃银耳羹
JIANWEI YIN'ER GENG

一、实验目的
1. 掌握银耳的食用功效及加工烹制方法。
2. 掌握羹汤类的熬制方法。

二、实验标准
羹汤黏稠透明,汤色清亮,口味甘甜凉爽。

三、实验原料(20份)

食材:银耳50 g、清水2 000 g。
药材:大枣15 g、山楂10 g、枸杞10 g。
调料:冰糖200 g。

四、操作步骤
1. 初加工:将银耳放入热水中浸泡1小时左右,待银耳涨发起来后,摘去银耳的根须和发黄的部位;山楂和枸杞分别用清水浸泡5分钟。
2. 熬制:将淘洗干净的银耳放入汤锅中,加清水用旺火煮沸,然后加入浸泡好的山楂和洗净的大枣,再改用小火熬煮至银耳变软,汤汁变得较浓稠,再加入冰糖熬至完全融化,最后将浸泡好的枸杞撒在上面即可。

五、操作关键
1. 浸泡银耳要用热水,这样才能将其涨发好。
2. 熬制银耳之前要去掉根须和发黄的部位,否则会影响成品的色泽。
3. 熬制时控制好火候和时间。

六、品种拓展
熬制银耳羹时可再添加些药膳食材,如薏仁、核桃等,增加制品的保健功能。

操作步骤

 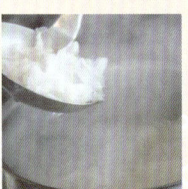  

健胃银耳羹

羹汤黏稠透明，汤色清亮，口味甘甜凉爽。

健胃银耳羹以银耳、山楂、大枣、枸杞为食疗主材，是一道传统养生小吃，具有滋阴润肺、养胃生津、益寿延年的功效，尤其适宜于老人、妇女和肺胃阴虚而见干咳少痰、食少纳差、饮食不消者食用。

第二章 品种实例

面点类

健胃银耳羹

芝麻香芋卷 ZHIMA XIANGYU JUAN

一、实验目的
1. 掌握芝麻的食疗功效和加工、烹制方法。
2. 掌握香芋卷的成形及炸制技术。

二、实验标准
色泽金黄，口感酥香，香芋味浓。

三、实验原料（20份）

食材：土司面包片10片、香芋200 g、鸡蛋1个、色拉油2 000 g（实际用油20 g）。

药材：熟黑芝麻20 g、熟白芝麻30 g。

调料：香芋油15 g、蜂蜜25 g、炼乳25 g。

四、操作步骤
1. 初加工：将香芋去皮煮熟后，用刀压成泥蓉。土司面包的边缘用刀切掉修正整齐。
2. 调味处理：将蜂蜜、香芋油、炼乳、熟黑芝麻放入香芋蓉中搅拌均匀待用。
3. 成形：面包片抹匀香芋泥，由内向外卷成卷，用鸡蛋液粘好边缘，然后两头粘上鸡蛋液，再粘上熟白芝麻。
4. 成熟：将成形好的生坯放入150 ℃的油锅中炸制，待面包表面为金黄色即可。

五、操作关键
1. 香芋洗净对剖蒸熟后再去皮。
2. 蒸制的火候和时间要适当。
3. 炸制时控制好油温。

六、品种拓展
可将香芋馅换成其他馅心，如榴莲、芒果等，改变成品的风味。

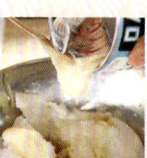

芝麻香芋卷

芝麻香芋卷以芝麻、香芋为食疗主材,是一道创新的养生点心,具有健脾补虚、养血润肠的功效,特别适合脾胃虚弱、阴血不足、肠燥便秘者食用。

色泽金黄,口感酥香,香芋味浓。

第二章 品种实例

面点类

芝麻香芋卷

杏仁紫薯球

XINGREN ZISHU QIU

一、实验目的
1. 了解紫薯食用功效和烹制方法。
2. 了解杏仁食用功效。

二、实验标准
营养丰富，香味浓郁，老少皆宜。

三、实验原料（20份）

食材：紫薯250 g、牛奶50 g。
药材：熟杏仁80 g、莲蓉馅100 g。
调料：白糖25 g。

四、操作步骤
1. 初加工：紫薯洗净后去皮切成厚片入蒸箱蒸熟，取出捣成泥状备用。
2. 调味处理：在紫薯泥中加入白糖、牛奶拌匀，黏稠度以能捏成形状为好。同时将莲蓉馅搓成圆球备用。
3. 成形：取适量紫薯泥团包入莲蓉馅，收紧封口捏成圆球状，表面裹上熟杏仁碎即可。

五、操作关键
1. 蒸制的火候和时间要适当。
2. 紫薯捣泥要细腻。
3. 此款养生点心属先熟制后成型装盘的糕点，则要求原料避免与手接触。

六、品种拓展
可在成形时改用粘生杏仁片，采用烤制成熟，改变成品的口感效果。

操作步骤

杏仁紫薯球以甜杏仁、紫薯为食疗主材，是一种创新养生点心，有健脾润肺的功效，适宜大众人群养生食用。

杏仁紫薯球

营养丰富，香味浓郁，老少皆宜。

第二章 品种实例

面点类 杏仁紫薯球

参考文献

CANKAO WENXIAN

[1] 冯玉珠. 烹调工艺学[M]. 北京：中国轻工业出版社，2009.

[2] 潘涛. 菜肴制作技术标准化教程——川菜篇[M]. 成都：西南交通大学出版社，2011.

[3] 周世中. 烹饪工艺[M]. 成都：西南交通大学出版社，2011.

[4] 罗文. 面点制作技术——四川小吃[M]. 成都：西南交通大学出版社，2012.

[5] 任百尊. 中国食经[M]. 上海：上海文化出版社，1999.

[6] 梁致华. 老火靓汤丛书[M]. 广州：广东经济出版社，2005.

[7] 徐江普. 药膳食疗学[M]. 北京：中国轻工业出版社，2007.

[8] 中映良品. 中华药膳大全[M]. 成都：成都时代出版社，2008.

[9] 印会河. 中医基础理论[M]. 上海：上海科学技术出版社，1984.

[10] 江苏新医学院. 中药大辞典[M]. 上海：上海科学技术出版社，1977.

[11] 谭兴贵. 中医药膳学[M]. 北京：中国中医药出版社，2003.

[12] 路新国. 中医饮食保健学[M]. 北京：中国纺织出版社，2008.

后记

党的二十大报告进一步指明了党和国家事业的前进方向，就是要准确把握、全面贯彻习近平新时代中国特色社会主义思想，深入实施科教兴国战略、人才强国战略、创新驱动发展战略，并且强调了高等教育要"全面贯彻党的教育方针，落实高校立德树人根本任务，培养德智体美劳全面发展的社会主义建设者和接班人"。所以，加快构建教育高质量发展体系，全面推动高等教育高质量发展势在必行，全国各高等院校必须始终坚持党的全面领导，落实立德树人根本任务，全面推进教育综合改革，要培养造就拔尖创新人才、深入参与全球教育治理。

"药膳与食疗"是烹饪工艺与营养专业的重要专业课程之一，是集药膳食疗理论知识和操作技能于一体的综合性课程。该课程的教学不仅可以使学生掌握药膳与食疗的基础理论知识，而且可以训练学生制作一系列药膳菜点，培养一批既懂药膳食疗理论知识，又有较强实操技能的烹饪人才，满足餐饮行业的需求。同时该书编写图文并茂，药膳菜肴制作流程中配有制作流程图，对于一些业余的烹饪爱好者也是理想的参考书籍。

本书药膳食疗理论知识部分，聘请四川省旅游学院烹饪学院中药学硕士张利老师和成都中医药大学中药学博士胡鹏老师编写；药膳菜点部分，聘请了四川省旅游学院烹饪学院的多位烹饪教授、专家、烹饪名师编写，对菜点制作的全过程进行了标准化计量和摄影，药膳菜点的食疗功效，也经过中医药专家的反复斟酌后定稿。经过全体编委老师和专家两年的努力和辛勤编写，最终撰写成文。

本书在编写风格上一改以往传统教材的编写体系，编写了37道色、香、味、形、食疗皆备的药膳食疗菜点，与目前餐饮行业的需求接轨。菜点编写风格借鉴了《面点制作技术——四川小吃篇》（西南交通大学出版社，2012）的编写体系，同时也增加了本书自己的风格。

本书按烹饪工艺与营养专业系列教材规定的标准化教程编写，菜点的原料配方及操作步骤都一律标准化，便于师生在教学中使菜点的成品达到标准化。

本书由四川省旅游学院烹饪学院高原菊教授主编，由四川省旅游学院烹饪学院高原菊、张利、欧阳灿、罗文、冯明会和胡鹏老师负责编写，由高原菊、邱立、罗文、冯明会老师负责制作，欧阳灿老师负责菜点成品和原料图的拍摄，詹珂老师负责菜点流程图的拍摄。本书在编写过程中，得到了学校领导的关心、支持和帮助，也得到了学校酒店实训教学中心的大力支持和帮助，同时也得到了西南交通大学出版社的大力协助，在此表示衷心的感谢！

餐饮行业的发展日新月异，不断创新。本教材编写仓促，在编写过程中难免存在不足之处，敬请同行专家和广大读者提出宝贵意见，以期再版时臻于完善！

编 者

2023年8月